トップコンサルタントが
こっそり実践していること45

# 売らずに売れる技術

河田真誠

ONE PUBLISHING

**「なんで売れないんだろう？」**

**「営業や商談のとき、何を話せばいいの？」**

**「『買って』って言うと嫌われない？」**

売りたいものがあるけれど、売るのが苦手なあなた。

「お客様を追いかけることに疲れた」

「売り込むのが苦痛だ……」

「お客様からのクレームが怖い……」

集客やセールスに、心を痛めているあなた。

「苦手な集客や営業に時間が取られる」
「起業したけど、うまくいっていない……」
「自分に合わないやり方で疲れた……」

もっと自分らしく、仕事と人生を楽しみたいあなた。

雑談しているだけで、
お客様が「欲しい！」と言ってくれる。
お客様に感謝されて
精神的にも、経済的にも豊かになる。

そんな売り方があるとしたら、知りたくはありませんか？

## はじめに――

本書は、売りたい商品や広げたいサービスがあるけれど、「売るのが苦手」という方のために書きました。

ここでお伝えすることを身につけていただければ、きっと「売れる」ようになります。

それも、**ただ売れるようになるだけではなく、「楽しく」売れるようになります。**

その結果、**仕事や人生がうまく回り始めます。**

実は、数年前の僕も、

「なんで売れないんだろう?」

「お客様と何を話せばいいんだろう?」

と悩んでいました。

家の近くにいつも行列ができるカフェがあって、そこの前を通るたびに「僕にもこんなに行列ができて、仕事を断れるくらいになれたらいいのにな」と妄想したものです。

しかし、どれだけ妄想しても、どれだけ待っても、お客様は来てくれません。

なんとか売ろうとがんばったのですが、内向的で傷つきやすく、人の顔色をうかがう口下手な僕には、「売る」ということがとっても難しかったのです。

でも、それは間違いだったことが分かりました。

僕には、僕に合った「売り方」があったのです。そのやり方に変えたことで、僕みたいなタイプでも、いや、僕みたいなタイプだからこそ、売れるようになったのです。

## 「買って！」と言うから売れないんだ

英会話教室を開いている友人が「全然、生徒が増えない」と悩んでいました。少しでも力になれたらと思い、彼女の営業に同席させてもらいました。

彼女は、相手の男性に、

「うちの英会話教室、すごいんですよ。単語も文法も勉強しなくてもいいんです。1日1時間、簡単なレッスンを受けるだけ。しかもオンラインだから自宅や会社で好きなときにできるんです。すごいでしょ！　良かったら、どうですか？」

と一生懸命に話したのですが、残念ながら契約には至りませんでした。

そこで僕は、何気ない会話の流れから、相手の男性に「今、叶《かな》えたいことって何ですか？」と聞いてみたのです。

彼は「ミッキーマウスが大好きなので、本場アメリカのディズニーランドに行くのが夢なんですよ！」と答えてくれました。

僕「そうなんですね！　ディズニーランドは楽しいですよね。行けたらいいですね」
彼「行きたいんだけど、ちょっと怖いんですよ。海外に行ったことがないから、入国審査とか、タクシーとか、ホテルとか、上手にできるかな……と思うと不安で」
僕「もし、英語の不安がなくなったら、アメリカに行かれますか？」
彼「そうなったら、すぐに行きますよ！」
僕「旅ができるくらいの英会話が身につく教室があるんですが、興味ありますか？」
彼「めちゃくちゃあります！」

こうして、僕は彼女に代わって、契約を取ることができました。

一生懸命に話したけれど、売れなかった彼女。いくつかの質問をしただけなのに、売ることができた僕。ここには大きな違いがあります。

**彼女は「売ろうとした」。**

**僕は「対話して、欲しい気持ちを引き出した」。**

この違いを、本書でお伝えしていきますね。

## 話すのが苦手だからこそ、売ることができる！

僕の売り方には、少し特長があります。

というのも、僕は、内気で、人見知りで、人の顔色をうかがって、言いたいことも言えないタイプなので、本来は、売るということに向いていないのです。

そんな僕でもできるやり方はないだろうか……と、試行錯誤した末にできあがったので、

- **話すのが苦手**
- **「買って！」と売り込みたくない**
- **相手が嫌な顔をしているのに、くどくど説明したくない**
- **でも、売りたい！**

そんな方にオススメできる方法です。

この「売れる技術」をマスターされた方からは、

**「売り込まなくても、お客様のほうから『欲しい！』と言ってくれるようになり、お客様を追いかけなくても良くなった」**

**「無理に売ろうとしなくても、雑談をしているだけで、自然と売れるようになった」**

**「上手に話さなくても、相手がたくさん話してくれるようになった」**

**「営業や商談をしているのに、相手から『今日はありがとう』と感謝されるから、嫌われないか心配しなくていい」**

**「深く納得して買ってもらえるので、クレームが減った。そして、紹介が増えた」**

と、たくさんの感想をいただいています。

**「売り方を教えてもらった講座の帰り道に、20万円の商品が売れた！」**

**「1年でお客様の数が3倍になった！」**

など、大きな成果をあげている方もいます。

**がんばらなくても、たくさん話をしなくても、詳しい説明を暗記しなくても、自然と売れるのです。**

以前、この売り方をオンライン動画学習サービスの「スクー(Schoo)」https://schoo.jp/でお話ししたことがあります。その動画が、7500本くらいあるスクーの動画の中で、年間視聴者数ベスト10に入ったのです。

これは多くの方に支持されている内容なんだということで、今回、さらに磨きをかけて書籍化することになりました。

**もしあなたが「売るのが苦手」なのだとしたら、それは性格とか人間性とかの問題ではなく、「売り方」の問題。「売れる技術」を知らないだけです。**

ぜひ、本書で、楽しく売れる方法を学んでくださいね。

# 「質問する」が僕の仕事

本編に入る前に、自己紹介をさせてください。

名前は、河田真誠《しんせい》。趣味は旅すること。バックパッカーだったときも含めると、これまでに70か国くらいを旅してきました。

「問いかけるスタイル」の経営コンサルタントや研修・セミナー講師などをしています。

一部上場企業から中小企業まで、様々な業種の企業に伺い、

「営業力や売る力を高めたい」

「人が辞めない会社にしたい」

「自ら考え動いてくれる部下を育てたい」

「何でも話し合える全員参加型の会社にしたい」

などの経営課題に対して、

「問題は何だろう？」

「原因は何だろう？」

「どうやって解決しようか？」

「いつまでに誰が何をする？」


などと問いかけることで、答えを引き出すお手伝いをしています。

この「問いかける」という手法が、今の変化の激しい時代に合っているようで、おかげさまで、たくさんの企業からお声がけいただいています。

本書でも、あなたが自分の考えや行動に気づけるような「問い」をたくさんしていきますね。

それでは、

**「なぜか自然と売れていく！　売らずに売れる技術」**

さっそくマスターしていきましょう。

# 目次

第2章

# なぜか自然と売れる対話のコツ

# 第3章

## 売れる言葉をつくる

### 自分の商品を知る

# 第4章 「自然と売れる」10のステップ

# 第5章 売るのが怖いあなたへ

# 第1章

# なぜ、売ろうとすればするほど売れないのか?

# なんで売れないんだろう？

## 足のあるおばけは怖くない

以前、明治時代から続いている有名な老舗《しにせ》旅館に伺ったときのこと。
夜、一人で露天風呂に入っていると、大きな木の向こう側から、話し声が聞こえました。でも、そっちはお風呂も洗い場などもなくて、誰もいないはず。僕は、とうとうおばけが出たのかなと思って、ビクビクしていました。

でも、せっかくいい気持ちで温泉に入っているのに、それを邪魔されるのも嫌だなと思って、おそるおそる話し声がするほうを見に行ってみました。

すると、そこには誰もいなくて、掃除用の蛇口から水滴が落ちているだけでした。その音が反響して話し声のように聞こえていたんですね。

正体が分かれば怖くありません。蛇口を閉めるという対策をすればいいだけです。

人生や仕事に起こるいろいろな問題も同じです。

**原因が分からないとビクビクと恐れることになりますが、その原因が分かれば対策を考えればいいだけ**です。

ここでも、まずは「売れない原因」について考えてみましょう。

## 売ろうとするから、売れない？

僕が経験してきた「売れない原因」をお伝えする前に、あなたに質問があります。

**Q．「売れるとき」と「売れないとき」、何が違うと思いますか？**

昔の僕は本当に売るのが下手でした。それが今は、上手に売れるようになりました。昔の僕と今の僕、何が違うと思いますか？

「売れるとき」と「売れないとき」、そこには大きな違いがあります。

売れないときの僕は、いきなり売ろうとしていたのです。**いきなり「これいいですよ！」**

**と始める。だから売れませんでした。**


売上を上げたいし、たくさん買ってほしい。

でも、そう思って、売ろうとすればするほど、売れないのです。

なぜかと言うと、買う人がその気になっていないからなのです。

「欲しい！」という気持ちになっていないのに、

「この商品、すごくいいんですよ！」

「この色が素晴らしくて！」

「この肌触りが最高で！」

などと、一生懸命に説明したり、説得したりしても、そもそも相手は興味がないわけですから、売れないのです。


**重要なのは、まだ買いたいと思っていない人をその気にさせること。対話をして、「欲しい！」という気持ちを引き出すことです。**

相手との対話ができれば、説得しなくても、売り込まなくても、トーク力がなくても、追いかけなくても、相手から「欲しい！」と言ってもらえるのです。

## 対話で「欲しい」を引き出す

たとえば、僕があなたと一緒に食事に行きたいとしましょう。

そのときに対話ができないと、僕はどんなお店が喜んでもらえるかが分からないので、あなたの好みを想像するか、「このお店なら大丈夫かな」という賭けに出るしかないですよね。

そうやって、

「このお店にしよう！」

と自分一人で決めて、

「このお店を予約したので、一緒に行きませんか？」

とお誘いしても、あなたが喜んでくれるお店である可能性は低いですよね。

そこで、対話ができれば流れが変わってきます。

たとえば、僕があなたに、

「和食、中華、イタリアン、お寿司……、いろいろ料理がある中で何が好きですか？」

と尋ねたら、あなたは、

「焼肉！」

などと教えてくれます。そこで、

「僕がよく行っている焼肉屋さんは、○○がおいしくて評判なんですよ！　良かったら一緒に行きませんか？」

と誘ったら、喜んでもらえて、一緒に食事に行ける可能性はとても高くなります。

僕は、あなたと対話をしたことで、あなたの「食べたい！（欲しい！）」を引き出すことができました。

このように、**対話をして、相手の「欲しい！」という気持ちを引き出すということが、「売れる」と「売れない」の大きな違いを生むのです。**

売れる技術①

## いきなり売ろうとしない

# 売れないときに陥りがちな「勘違い」

ここでは、売れないときに陥りがちな「勘違い」をご紹介します。

僕自身もこれらが勘違いだと気づかず、随分と遠回りしたものです。

勘違い①
## 説得をする

自分の商品を売るときは、「この商品の魅力を分かってほしい！」という気持ちが強くなり、ついつい熱が入りますよね。

でも、**こちらが熱くなればなるほど、売れなくなります。**

片思いの相手に「好きだ！」と言えば言うほど相手が引いていくことがあるでしょう？

それと同じで、欲しいと思っていない人に売ろうとしても、相手の気持ちはどんどん遠ざかっていくだけです。遠ざかっていく人を追いかけるのだから、余計に難しくなります。

そうして、熱く説得すればするほど、売れなくなるという悲しい結果になるのです。

**大切なことは、相手の気持ちをこちらに向けることです。**

説得をしたり、押し売りをしたりするのではなく、

「あなたの話を聞いてみたい」

「その商品に興味がある」

「もっと知りたい」

「欲しい！」

と、相手のほうから興味を持ってもらうようにしていくことです。

そのためには、一方的に話をするのではなく、相手と対話をすることが必要ですね。

勘違い②

## トークパターンをつくる

売れないときは、「まずこの話をして、次にこの資料を見せて、この話をして……」と、入念なトークパターンを準備しがちです。僕も自分の緊張を少しでも和らげようと、商談で話すことを文章に書き起こしていたことがありました。

しかし、うまくいきませんでした。

なぜなら、お客様はみんな違うからです。


友達にオススメの店を紹介することがありますよね。そんなとき、**全員に同じ話はせず、その人に合った話をする**のではないでしょうか。

たとえば、料金を気にする人には「これくらいの予算でね」と伝え、雰囲気を気にする人には「こんな感じのお店だよ」と伝え、味を気にする人には「メニューの話」をして、話題性が必要な人には「ここが面白いよ」と伝えます。

相手によってグッとくるポイントは違いますよね。相手に合った話をするためにも、相手との対話が大切になってきます。

**勘違い③**
## 商品の話ばかりする

一生懸命に商品の話をしても、お客様の食いつきが良くないときがありませんか？

それは、売りたい人と買う人の間で、「見ているもの」が違うからなのです。お客様は、あなたの商品が欲しいわけではないのです。

僕は、毎日のようにカフェに行きます。僕がカフェに行く理由は、ゆっくりできる場所で仕事をしたり、本を読んだりしたいからです。コーヒーという商品を通して、ゆったりできる時間にお金を払っているわけです。

だから僕は、「コーヒーの味やこだわり」よりも、

「ゆっくりできるよ」

「気持ち良く過ごせるよ」

と言われるほうがグッときます。商品が欲しいわけではなく、「その先にある気持ちや未来」が欲しいからです。商品はそのための手段でしかありません。

つまり、商品の話をする前に、お客様が「何を手にすることができるのか（気持ちや未来）」を話すほうがいいということです。

**「こんな気持ちになりたくないですか？」**

**「こんな未来になれたらいいと思いませんか？」**

という話をして、共感を得たうえで、「これを叶《かな》えるには、この商品がオススメなんですよ」と話すと、「欲しい！」となりそうです。

勘違い④

# 一人で考える

「どうすれば売れるのか？」を考えるときに、一人で机に向かっていても、正解にはたどり着けません。なぜなら、ビジネスは一人でつくるものではないからです。

**ビジネスは、お客様とつくり上げるものです。あなたがビジネスで悩むときの正解は、お客様が持っているのです。**

僕は起業の支援もしているのですが、よく、

「このチラシ、どう思いますか？」

「この商品、どうですか？」

「いくらにするといいですか？」

などと相談を受けます。

そんなとき、一般的な話や自分の経験からのアドバイスはできます。しかし、最後は

「お客さんになりそうな人に聞いてみて」とお伝えします。

ビジネスの正解はお客様が持っているので、お客様に聞かないと分からないからです。

勘違い⑤

## 売っていない

「えっ！」と思うかもしれないのですが、実は、売れないときに陥りがちな一番大きな勘違いとして、「売っていない」があります。**「売る準備」ばかりをして、実際に売り始めていない**ということです。

僕もコンサルタントとして起業してすぐの頃は「いい商品やサービスならば、自然と売れるはず！」と、いろいろな本を読んだりセミナーに参加したりして、自分の知識や技術を高めることに一生懸命になっていました。しかし、それでは売れませんでした。なぜなら、自分のスキルを磨いただけで、「売っていない」からです。

その後、ブログやメルマガを書き始めました。それでも、お客様は増えませんでした。なぜなら、自分の考えや気持ちを書き綴《つづ》っただけで、「売っていない」からです。

他にも、「異業種交流会に行って名刺交換をする」「SNSに投稿する」「ホームページをつくる」ということもやりがちです。

しかし、僕の実際の経験からすると、これらは「やったつもり」にはなるのですが、直接的に売上につながることは少ないのです。

「することに意味がない」と言っているのではありません。「売れる」ということをしっかりと理解して、**「売れる」につながる行動をしていかないと、ただの自己満足で終わってしまう**とお伝えしたいのです。

たとえば、名刺交換をして、ファイルにきれいに並べたところで、それだけでは売れるようにはなりません。いただいた名刺に対して、売れるための行動をしないといけませんよね。

以前の僕が「売る準備」ばかりをして、売れるための行動をしていなかった理由は、お客様と関わるのが怖かったからなのです。

実際に売り始めると、断られることもあるでしょう。「売れない」という事実を突きつけられるかもしれません。もしかすると商品やサービスに対して、「ダメだ」「つまらない」とあからさまに文句を言ってくる人もいるかもしれません。

要するに、僕は売り買いの土俵に上がるのが怖かったのです。だから、「売る準備」だけを続けて、やったつもりになって、自分を満足させていたのです。

これだと、心を痛めることはないですが、売上が上がることもないですよね。

この「売る怖さ」を乗り越えていくには、自分としっかり対話する必要があります。自分と対話できれば、自分自身とうまく付き合っていけます。ツラい思いをして遠回りしなくても、自分が大切にしたいことを大切にしながら豊かになっていけます。

**「売れる」には、「お客様との対話」だけでなく、「自分との対話」も大切なのですね。**

ここまで、売れないときに陥りがちな、よくある「勘違い」を一緒に見てきました。もしかすると「私もやっている!」と思われたかもしれませんね。

次からは、「どうすれば売れるのか?」を一緒に考えていきましょう。

売れる技術②

## 勘違い行動をやめる

## 「売る」と「売れる」は違う

### 「売れる」は「欲しい！」と言ってもらうこと

重箱の隅をつつくようですが、とても大切な話があります。

それは、**「売る」と「売れる」は違う**ということです。これを理解していただかないと、これからお話ししていく「対話のコツ」を理解しにくいので説明しますね。


まず、**「売る」は、こちらが行動をすること**。

こちらから「買って！」とアプローチした結果、売れていく。

こちらから相手に矢印が向いているイメージです。一方通行の矢印で、そこには「説明や説得」が必要です。


僕は「売る」と考えると、それだけで気持ちが重たくなります。商品やサービスに興味

「売る」と「売れる」の違い

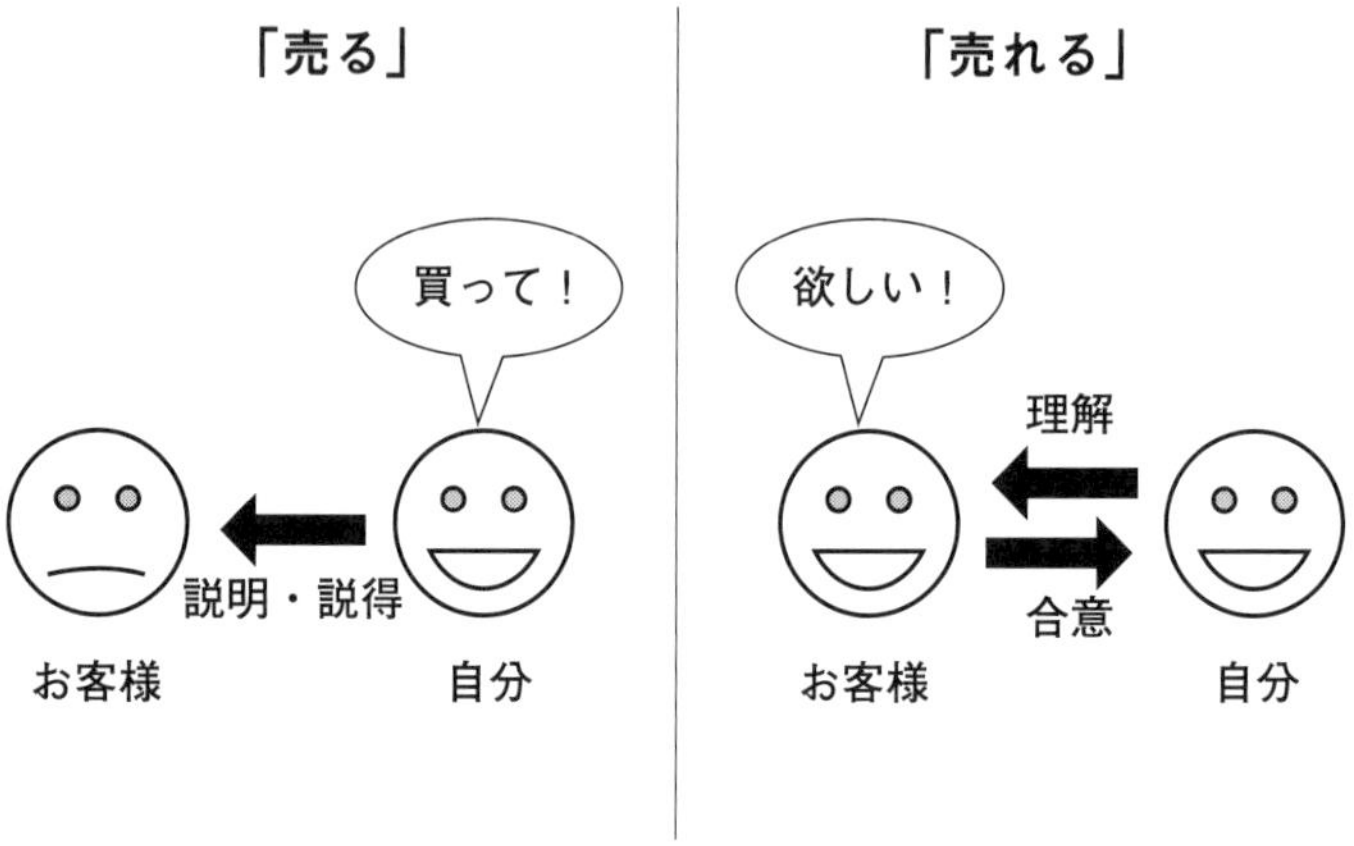


もない人に押し売りしているようで、「申し訳ないな」という気になるのです。断られるのも嫌ですしね。

一方で、**「売れる」は、相手に行動を起こしてもらうこと**。

相手と対話して、相手から「欲しい！」とアプローチしてもらい、売れていく。

相手とこちらの双方に矢印が向いているイメージで、そこには「理解と合意」が必要です。

「売れる」なら、心が重たくならないし、断られることもないから凹《へこ》まなくていいですよね。

## 「売れる」とお客様の満足度が上がる！

「売る」の場合、相手は、あなたに言われたから「買う」となります。そうなると期待値が高くなるので、満足させるのも難しくなります。クレームにもつながりやすいです。

一方、**「売れる」の場合は、相手が自ら「欲しい！」と言って買っているので、満足してもらいやすくなります。**

たとえば、世の中に幸せな人とそうでない人がいるとしましょう。その二人の日常を比較したら、幸せな人にだけ特別にいいことが起きているとは思えません。今日の出来事を事実としてあげていったら、幸せな人もそうでない人も、同じような時間を過ごしていると思うのです。

では、この二人は何が違うかというと、幸せな人は自身の幸せな面を見ていて、不幸な人は自身の不幸な面を見ているというだけです。よく言われる話ですが、コップに半分の水があるとき（事実）、「半分もある」と思うのか、「半分しかない」と思うのかの違いです。

これと同じように、もし、売る側に説得されて買った場合だと、その商品・サービスに「悪いところはないか」と探そうとする気持ちが多少は働きます。その悪いところを探そうとしている人に提供するのだから、当然、満足度のハードルは高くなります。

逆に、**自分の意志で買った場合だと、「自分の判断は間違っていなかったと思いたい」という心理が働き、「買って良かった」という点を探そうとするので、満足してもらいやすくなります。**

## 売れる技術③

# 「売る」ではなく、「売れる」を意識する

「売る」ではなく、「売れる」。

その違いを意識するだけで、お客様の満足度も変わってきます。お客様の満足度が高まれば、その先の「リピート購入」や「紹介」にもつながります。

言葉としては些細《ささい》な違いですが、大きな違いであることを理解してくださいね。

# 「売れる人」って、どんな人？

## 世の中で一番儲けている人は？

あなたは、世の中で一番儲《もう》けている人は、どんな人だと思いますか？　才能がある人？　投資などをしている人？　人脈がすごい人？

僕の答えは、**「たくさんありがとうと言われている人」**です。

人がものを買うとき、「ありがとう」という気持ちが自然と起こりますよね。その「ありがとう」の声に比例して、売上も大きくなっていきます。

売上は結果であって、求めるものは「ありがとう」です。

そうだとすると「どうすれば売上が上がるだろう？」と考えるよりも、**「どうすれば喜んでもらえるだろう？」と考えるほうが、売上は上がっていきます。**

## ビジネスは相手を喜ばせること

**ビジネスとは、相手を喜ばせることです。**恋人の誕生日プレゼントを考えるときのように、ビジネスを考えるといいのかもしれませんね。

相手を喜ばせるには、相手を想い、相手を知ることが必要です。

「売れる」も含めて、あなたのビジネスの答えは、すべてお客様が持っています。自分一人で考えるのではなくて、「お客様マニア」と言われるくらいに、お客様のことを知り、お客様を想うことが「売れる」につながっていきます。

詳しくは第4章でお話ししますが、僕が、自分が通っている歯医者さんや、たまたま乗ったタクシーの会社に、コンサルティングや研修に伺うようになったのも、きっかけは「僕が強く興味を持ったから」なのです。

客の立場で、相手に興味を持って、問いかけながらお話を聞いていく中で、自然と**「相手を幸せにするために、自分に何ができるだろう？」**と考え始めたんですね。

その結果として、コンサルティングや研修などの仕事につながっていったのです。

「相手に興味を持つ」「相手を知る」ということは、お客様へのアポ取りでも、商談でも、その後の商品提供においても、とても重要なのです。

## 一緒に悩む仲間になる

僕はお客様と関わるとき、「売る側」と「買う側」という立場を意識していません。「売る側」「買う側」となると、どうしても、お互いに自分が得をしたいという、敵対する関係になってしまうからです。

人が商品を買う理由はいろいろあると思うのですが、すべての人に共通するのは「幸せになりたいから」でしょう。不幸になりたくて商品を買う人はいませんよね。

僕は、お客様が幸せになるお手伝いがしたくて商品・サービスを売っているわけです。

そう考えると、僕とお客様は**「どちらが得をするか」という敵対関係ではなく、同じ未来を目指す仲間**です。「買いませんか?」という話ではなくて、「一緒にあなたの悩みを解決する仲間にしてくれませんか?」というスタンスなのです。

だから、「売れても、売れなくても、どっちでもいい」と考えています。必要ない人に無理に売っても、誰も幸せになりませんからね。

誤解してほしくないのは、お客様のために自分を犠牲にしたり我慢したりしてほしいわけではないということです。**「同じ未来を目指す仲間」としてお客様のことを想うことができるのなら、あなたの幸せとお客様の幸せは同じものになっていく**と思うのです。

これは、すごくシンプルな発想ですが、営業や商談、ビジネス全体に影響する大切な心構えだと、僕は考えています。

## みんなに好かれなくていい

とてもわがままだと思うのですが、僕は、お客様をお断りすることもあります。**ビジネスも恋愛と同じで、相思相愛であることが大切**だと考えているからです。

人間誰しも「どうしても、この人とは合わないな。喜ばせたいと思えない、興味が持てないな」と思うこともあるでしょう。そんな気持ちで商品・サービスを提供してもいい結果にはならず、お客様の期待に応えることもできませんし、そうなると悪い口コミにもつながっていきますよね。

目先の売上に目がくらんでしまうよりも、相思相愛の人と関係を深めていくほうが、長く愛されるビジネスに育てていけるような気がします。

愛されるということは、嫌われるということでもあると思うのです。たとえば、10人の人がいて、その人たち全員から嫌われない飲み物を用意しようとすると、「水」しかないですよね。せいぜい100円くらいでしか売ることはできません。

でも、1人に愛されたいと思うのであれば、水ではなく、「ワイン」でもいいかもしれません。残り9人には嫌われるでしょうが、水よりも喜んでもらえて、高く売ることもできます。

9人に嫌われることを恐れると、1人から愛されることもできなくなってしまいます。みんなに好かれなくてもいいのです。

## 商品を愛する

**売れるには、「自分の商品を愛すること」が大切ですよね。**

この気持ちがないと、どんなに売れるコツを学んだところで、小手先のテクニックで終

天職の見つけ方

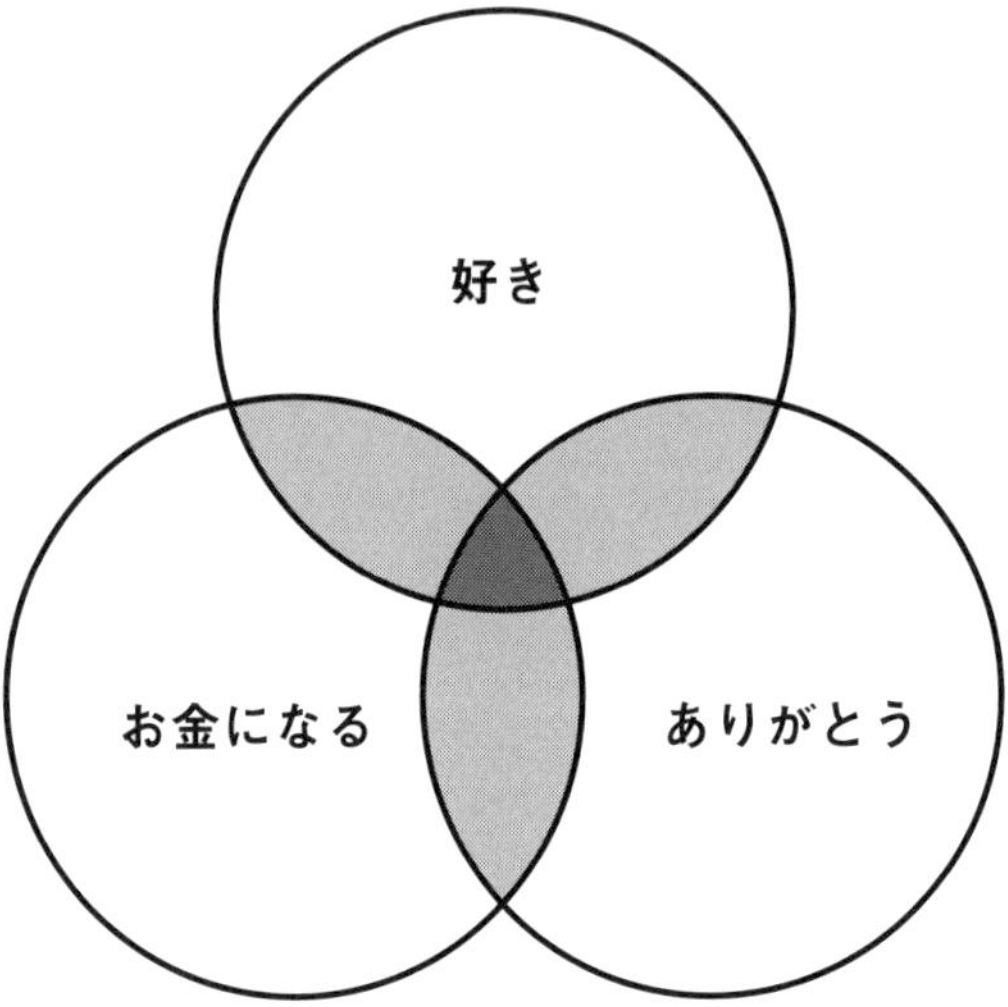


わってしまい、結局は売れていきません。

これは仕事を選ぶときにも言える話なのですが、**商品も仕事も「好き」と思えることが大切です。**

好きだと思えることだと、「がんばっている」という意識もなく、時間を忘れて努力をするでしょう。周りからは「そんなにがんばって、大変だね」と思われるかもしれませんが、本人は「いや、楽しいの!」となりますよね。

そういうことを仕事にすると、自然と成長もしていくので、当然、結果も出やすいでしょう。

逆に、「売れるなら、この仕事をしよう」「給料が多いから、この仕事をしよう」という視点で仕事を選ぶと、心が疲れていくので長続きしません。好きでない仕事をしていても、成長していかないので、いい結果にもつながらないでしょう。

**まずは、自分が「好き」だと思えるものを集めるのです。**

そして、その中から、「周りの人を喜ばせることができるもの」「お金をいただけることと」を仕事にしていくといいですね。この順番が大切だと思うのです。

**あなたの「好き」と、周りの「ありがとう」、そして「お金」が重なるところが、あなたの天職です。**

売りたい商品があるときも同じです。そもそも、あなたが愛していない商品を売ることはとても難しいです。あなたがいいと思わないものが売れるわけもないですよね。

逆に、自分の商品に愛があれば、「これ、本当にいいんだよ」と素直な気持ちでオススメできます。**「自分が大好きなものを、人にオススメして、幸せをおすそ分けする」**という気持ちが大切ですね。

たとえば、二つのラーメン店があって、看板にはそれぞれ次のように書かれています。

「○○産の昆布と魚で出汁《だし》を取り、○○産の醬油《しょうゆ》をベースに、○時間かけてつくり上げたスープに、特別オーダーした麺がからみ合うラーメンです」

「10年間、毎日のようにラーメンを食べ続け、日本全国のおいしいラーメンを食べ尽くした男が、究極のラーメンをつくりたい！と会社を辞め、3年の月日をかけてたどり着いたラーメンです」

あなたなら、どちらを食べてみたいですか？

おそらく、後者ですよね。後者は、何味のラーメンかすら書かれていないんですよ。でも、「好き」ということが伝わるだけで、強く興味をそそられますね。

ぜひ、あなたも「自分の商品を愛する気持ち」をしっかりと確認してくださいね。

売れる技術④

## 自分が愛している商品で、お客様と同じ未来を目指す仲間になる

# 「売れる」はお客様との対話でつくる

## お客様を想う

「売れる」を考えるとき、とても大切なスタンスがあります。それは**「お客様を想う」**ということ。

「売る」は一人でできるかもしれません。相手の気持ちなど気にすることなく、一方的にこちらの言いたいことを言い、相手を説得して売っていくのであれば、お客様を想わなくてもいいかもしれません。

しかし、本書で紹介しているような「相手に納得して買ってもらう」「欲しい気持ちを引き出して買ってもらう」には、**相手とのコミュニケーションが必要です。**

イメージからすると、あなたが青で相手が黄だとしたら、「売る」は相手も青に染めること。「売れる」は青と黄を混ぜて緑をつくることです。

仏教には「対機説法」という言葉があります。「相手の能力や状況に応じて教えを説くこと」を意味します。

お釈迦《しゃか》様は、お弟子さんに説法をするとき、相手に合わせた話をされたそうです。だから、お釈迦様の教えをまとめた経典（お経）の中には、相反することが説かれていることがあります。「一緒に学べる友達がいることは、悟ることのすべてだ」と書かれた経典もあれば、「一人で孤独に進んでいくことが大切だ」と書かれているものもあるのです。

そこだけを聞くと、お釈迦様は矛盾したことを言われているように思えます。しかし、そうではないのです。お釈迦様の説法は薬にたとえられます。それは、相手の症状をよく見極め、それに合う薬を処方したからでしょう。

たとえば、病気のときに、同じ症状でも体を温めたほうがいい人もいれば、冷ましたほうがいい人もいます。**必要なものは相手によって違う**のです。

ビジネスも同じです。**いつも決まった言葉を使い、誰にでも同じパターンで話をしていたのでは、相手の心を動かすことは難しい**ものです。相手のことをよく観察して、相手の話を聞いて、相手のことをよく知って、相手に合った売り方をしていきたいですね。

もしかすると、「オンラインショップなどで商品を買うときは、お店の人と対話していないけど、欲しい気持ちになって買っているよ」と思う人もいるかもしれません。

しかし、そのオンラインショップのサイトも、売る側がひとりよがりでつくったものではなく、お客様との対話を重ねながら、お客様の気持ちに寄り添ったものになっているからこそ、売れていくのです。

## 「アート」と「デザイン」は違う

「売る」と「売れる」の違いは、アートとデザインの違いに似ています。

アートとデザインは、とても似ているけれど、その違いは何だと思いますか？

いろいろな答えがあり、僕の意見が正解というわけでもないのですが、僕の考えるデザインとアートの違いをお話ししますね。

まず、アートは、自分が描きたいものを描けばいいので、正解がないですよね。周りが理解できなくても、本人がそれでいいならいいのです。

一方、デザインは、相手に何かを伝えたいという前提で生み出されるものです。だから正解があります。たとえば、チラシであれば、反応率の高いデザインが正解になりますし、案内板であれば、誤解する人が少ないデザインが正解と言えるでしょう。

**アートは、自分一人でつくるもの。**

**デザインは、相手と一緒につくるもの。**

たとえば、僕がただ「自分が好きだから」と歌を歌うことはアート。「落ち込んでいる人を元気づけたいな、笑顔になってほしいな」という気持ちで歌えば、それはデザイン。

**ビジネスでは、デザイン的な発想をすることが大切です。**なぜなら、すべての売上は「ありがとう」からつくられているからです。

では、どうすれば、お客様に喜んでもらえるのか？

僕は「お客様とたくさん対話をすること」でその答えが見つかると思うのです。そこで次の章からは、売れるための「対話のコツ」をお伝えしていきます。

売れる技術⑤

## お客様とたくさん対話をする

第2章

# なぜか自然と売れる対話のコツ

# そもそも人は、なぜ買うのか？

## 人がものを買う理由

「どうすれば売れるのか」という対話のコツを考える前に、「人はなぜ買うのか」という基本的なことを明確にしておきましょう。なんとなくは理解されているとは思うのですが、ちゃんと言葉にしてみることで、理解が深まります。

まずは、次の質問に答えてみてください。

できれば、ノートなどを用意して、自分の答えを書き出すことを強くオススメします。

**Q．あなたは、どんなときに「買いたい」と思いますか？**

僕の考えをお伝えします。

人が何か行動をしたとき、「なぜ、その行動をしたの？」と聞かれたら、答えは二つしかないのです。

一つは**「プラスの気持ちをもっとたくさん得たいから」**。プラスとは、楽しい、嬉しい、気持ちいい、ワクワクするなど、本人がプラスだと捉えていること。たとえば、おいしいご飯を食べる、おしゃれな服を着る、映画を観る、遊園地に行く、など。

豪華なご飯でなくてもおなかは満たされますし、おしゃれな服でなくても寒さはしのげます。でも、おいしいご飯やおしゃれな服が欲しくなるのは、プラスの気持ちをもっと得たいからです。

もう一つは**「マイナスの気持ちを少なくしたいから」**。マイナスとは、痛い、ツライ、悲しい、不便、不自由、不幸、不都合など、本人がマイナスだと捉えていること。たとえば、具合が悪くて病院に行く、電車が混むからタクシーに乗るなどです。

積極的ではないけれど、苦しみから逃れるために仕方なくお金を使う感じでしょうか。マイナスをゼロにしていくイメージですね。

どんな人も**「プラスを増やし、マイナスを少なくすること」が幸せになること**だと理解していて、常にそれを探しています。

そして、そのプラスを増やし、マイナスを少なくすることを、自分でできるのであれば、自分で行います。でも、自分ではできないこともあるし、できたとしても、手間がかかる、時間がかかるなどの理由で、「自分ではやりたくない」「自分ではうまくできない」ということもあるでしょう。そこで「お金を払うので誰かに解決してほしい」となるのです。

たとえば、喉が渇いているとき、近くにきれいな湧き水があるなら、それを飲みますよね。でも、近くに湧き水がなければ、「お金を払って水を買おう」となります。

簡単にまとめると、「幸せになりたい。でも、自分ではできないこともあって困っている。だから、お金を払うので誰か解決してください」ということです。

**自分が払うお金よりも、得られる幸せのほうが大きそうだと分かれば、人は買うのです。**

これが、「人はなぜ買うのか?」の答えです。

売れる技術⑥

## 誰かの「困った!」を解決する

# お客様は「自分の気持ち」を知らない

## 2種類のお客様

お客様は「困っている」という話をしましたが、実はお客様には2種類あります。この違いを理解していないと、売上を上げていくことが難しいので、じっくりお伝えしますね。

まず、両者の違いを理解していただくために、簡単な質問をします。あなたの答えを書き出してみてください。

**Q．砂漠を旅する人向けのお店を開くことになりました。何を扱えば、儲《もう》かると思いますか？**

この質問は、今まで、研修や講演などでも多くの人に投げかけてきました。

みんなからあげてもらった答えを、僕のほうで、AとBの二つのグループに分けてみたのですが、何を基準に分けたと思いますか？

**■Aグループの答え……水、ラクダ、地図、方位磁石、食料、洋服、車、簡易トイレ**
**■Bグループの答え……スーツ、毛布、保険、「砂漠の楽しみ方」という本、インスタ映えポイントの紹介、砂漠ダイエット教室**

完全に僕の主観なのですが、Aグループは「言われなくても、買おう！と気づいていたもの」。Bグループは「言われてみれば、たしかにいいな！と気づいたもの」です。

砂漠に行くときにスーツなんて、僕は思いつきませんでした。でも、この答えを教えてくれた人が言うには、砂漠を旅するときにもっとも適した服装がスーツなんだそうです。あるマンガに書いてあったそうです。

その真偽はさておいて、ここで伝えたいことは、**お客様には、自分が必要なものに「気づいている人」**と**「気づいていない人」がいる**ということです。

## 「気づいていない人」に気づいてもらう

たとえば、僕は「ルイボスティー」が大好きなので、ルイボスティー屋さんを始めたとしましょう。「どうすれば売れるだろうか？」と考えるとき、ルイボスティーの価値に「気づいている人」と「気づいていない人」の2種類のお客様がいて、それぞれ売り方が変わってきます。

ルイボスティーの価値に「気づいている人」には、「他のルイボスティーとの違い（特長）」をつくり、それを訴求していけばいいですよね。

では、ルイボスティーの価値に「気づいていない人」に対してはどうすればいいでしょう？

気づいていない人というのは「まだ飲んだことがない人」か、「これまでに飲んだルイボスティーはおいしくないと思った人」ですよね。そういう人には、「僕のルイボスティーの価値や魅力に気づいてもらう」ということが必要です。

簡単に言うと、**商品の価値に気づいている人には「他者（社）との違い」を、気づいて**

**いない人には「この商品を買うことで幸せになれること」を伝えていく**といいですね。そうすることで「欲しい気持ち」を引き出すことができます。

たとえば、僕は「上司向けの質問力」という研修プログラムを企業に提供しています。「上司が指示命令をやめて、問いかけをすることで自分で考えて行動する部下を育てていく」という内容です。

僕の本などで勉強されている経営者や人事部の方などは、「なぜ、上司に質問力が必要か」をすでにご存知なんですね。「気づいている人」です。こういう方には、研修プログラムの提案書をお送りするだけで契約が成立します。

一方、偶然出会った方や、人づてにご紹介いただいた方などは、「なぜ、上司に質問力が必要か」をご存知ありません。まだ「気づいていない人」です。こういう方には、面談の時間をいただいて、1時間くらい対話をして「上司の質問力」の必要性に気づいてもらい、「欲しい!」を引き出しています。

# 価格競争から抜け出す

商品の価値に「気づいている人」と「気づいていない人」がいるというお話をしました。
もちろん、両方に売ることができるといいのですが、僕は、**「気づいていない人に売る」ことに力を入れていくほうがいい**と思っています。

たしかに、「砂漠を旅する人に水を売る」といったように、商品の価値に「気づいている人」にそれを売るのは比較的簡単ですよね。本人も「欲しい」と思っているのだから、会話をする必要もないかもしれません。「この水の特長」と「価格」を伝えればいいですよね。相手はそれで買うか、買わないかを判断することができます。

ただし、これには大きな問題もあります。ライバルが多くなるのです。

選ばれるために自分の店の特長などを打ち出し、その違いがいいものであればあるほど、すぐに他店もマネをします。そうなると、最終的には価格の競争になり、お客様を奪い合うことになります。

そこで、大切になるのが「気づいていない人に売る」ということです。

**「気づいていない人」に広げていくことができると、新しいお客様が生まれ、市場全体を拡大することができるので、競合とお客様の奪い合いをしなくていいのです。**ライバルたちが奪い合っている中、自分だけは新しいお客様に目を向ければいいのです。

ここまで、売れるためには相手の欲しい気持ちを引き出すこと、価格競争に陥らないためには商品の価値に「気づいていない人」に気づいてもらうことが必要だというお話をしました。

この「引き出す」「気づいてもらう」ために必要なのが、相手との「対話」なのです。

売れる技術⑦

## 商品の価値に「気づいていない人」に気づいてもらう

## 売れる＝「聞く」×「問う」×「話す」

お客様と対話をするときの僕のオススメの方法が **「聞く」「問う」「話す」を意識して行う**ということです。

### 「聞く」と「問う」で「欲しい」を引き出す

突然ですが、質問です。

**Q．最近、「うまくいっていないな」と思うことは何ですか？**

一旦この本を置いて、ノートに書き出してみてください。

「朝起きるのがツライ」
「仕事がたまっている」

「人間関係が少しギクシャクしている」

など、どんなことでもいいので、素直な答えを書いてみてくださいね。

今、あなたは、自分の問題や課題を自分の言葉で書き出しました。そこに書かれていることは、自分で書いたことなので、深く納得できますよね。

しかし、そこに書かれたことを「これがあなたの問題や課題ですね」と他人から指摘されたら、どう思うでしょうか？

信頼関係ができていたら、素直に「たしかにそうだね」と思えるかもしれませんが、多くの場合、「そんなことないよ」と言いたくなるでしょう。

つまり、**他人から言われるよりも、自分で考えたり話したりするほうが、自分の気持ちに気づき、深く納得できるのです。**

同じように「欲しい」という気持ちも、他人から伝えられるよりも、自分の言葉で話すほうが、自分で自分の気持ちに気づき、納得感が高まります。

そのためには、「聞く」や「問う」が必要です。

「聞く」や「問う」で、相手の「欲しい」を引き出すことをせずに、相手を説得して売っ

売れるための三つのチカラ

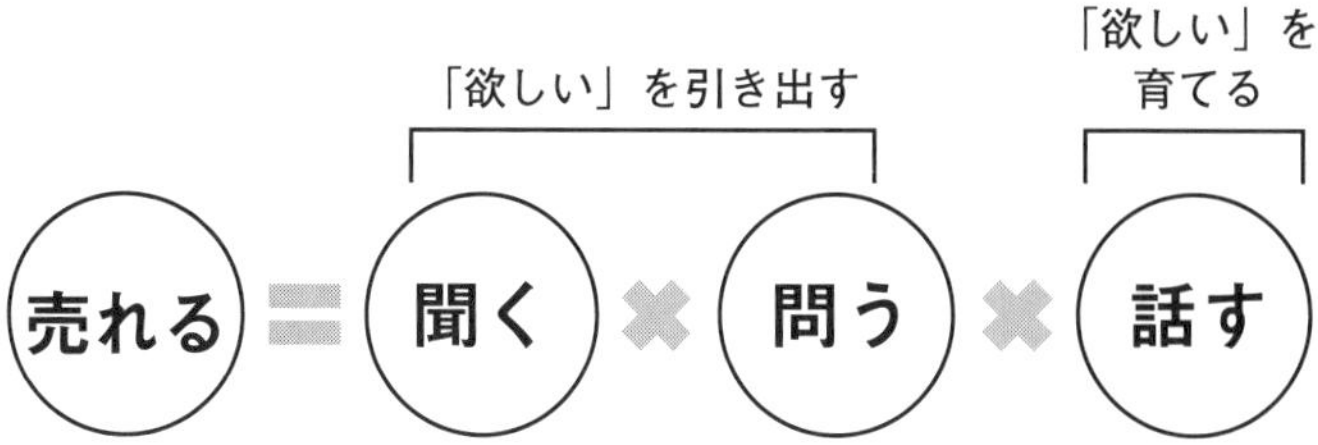


ていたのでは、お客様の本当の満足にはつながっていきません。

「聞く」と「問う」は違うんですよね。

**「聞く」は、相手の話を受け取ること。**

相手は自分が理解していること、意識していることを話してくれます。話題も相手次第になります。

そこで、「問う」ができると、もう一歩、踏み込んだ話題になります。

**「問う」は、価値観や気持ちなど、相手が意識していないことまで引き出すこと。**

「自分にこんな問題や思いがあったんだ」と気づいてもらうことができます。

これが営業や商談においてはとても大切なのです。

## 「話す」で「欲しい」を育てる

「聞く」と「問う」で相手にたくさん話してもらい、「欲しい」という気持ちを引き出すことができたら、次はこちらが「話す」番です。

「聞く」と「問う」でできることは、相手の気持ちや考えを引き出すこと。

しかし、「聞く」と「問う」ではできないこともあるのです。

それは、「相手が知らないこと」に気づいてもらうことです。

どれだけ聞いても、どれだけ問いかけても、「相手が知らないこと」を引き出すことはできません。そこで、こちらから**話すことで、**

**「こういう考えもあるよ」**
**「こういうものもあるよ」**
**「こんな未来が待っているよ」**
**と伝えることが必要**です。

それによって、相手の「欲しい」という気持ちを大きく育てていくことができます。

ここまでをまとめると、売れるためにすることは、「聞く」「問う」「話す」で相手と対話をし、相手の「欲しい」を引き出し、大きく育てていくということです。
これはとても大切なので、覚えておいてくださいね。

売れる技術⑧

## 「聞く」「問う」「話す」で、お客様の「欲しい」を引き出し、育てる

# 「聞く」のチカラ

ここからは、「聞く」「問う」「話す」の三つのチカラと、対話のコツについて深めていきましょう。

まずは、「聞く」についてです。

「聞く」は、実はすごいチカラがあります。人は話を聞いてもらえるだけで嬉しいものです。聞き上手なマスターやママがいる飲食店が繁盛するのも、これだけSNSがはやっているのも、誰もが「聞いてほしいから」ではないかと思うのです。

「聞く」のチカラ①

## 相手を知ることができる

先日、紙が欲しくて、文房具店に行ったときのこと。

売り場が分からないので、店員さんに尋ねようとしたら、店員さんは忙しかったのか、僕の話をあまり聞かずに、「〇階です！」と教えてくれました。

でも、その階に行っても僕の欲しい紙はありませんでした。なぜなら、その売り場にあったのはコピー用紙で、僕が欲しかったのは包装紙だったからです。

僕が尋ねたとき、店員さんが最後まで話を聞いてくれたら、こんなすれ違いも起こらなかったと思うのです。

**ちゃんと聞くことができると、相手の「ニーズ」をしっかり捉えることができますね。**

また、**聞くことで相手の「価値観」を知ることもできます**。

価値観とは、何が良くて何がダメなのか、大切にしていることの優先順位を言います。

お客様の価値観が分かれば、よりグッとくる商品提案やサービス提供ができます。

日本ではリーマンショックのあった2008年くらいまでは、多くの人が同じ価値観を持っていました。たとえば、「学歴があれば」「いい会社に入れば」「たくさん給料をもらえれば」「結婚すれば」「子どもを授かれば」幸せであると、信じていたんですね。

でも、今は価値観がさまざまです。

学歴も、いい会社も、給料も、結婚も、子どももなくていいという人もたくさんいます。

「それでもいいんじゃない」と、社会からも認められるようになってきました。

ビジネスにおいても、お客様の価値観がバラバラになり、多様化しています。

たとえば、コンビニに行ったとき、店員さんが丁寧に接客をすると「ありがとう」と思う人もいれば、「急いでいるから早くして」と思う人もいるでしょう。どちらがいいというわけではなく、いろいろな人がいるということです。

多くの人が同じ価値観だった時代は、阿吽《あうん》の呼吸でやり取りできていて、それで問題は起こりませんでした。しかし、今は、商品を提供する側とお客様の間で価値観が違うことが増えています。

だから、**相手の話をきちんと聞かないと、その人を喜ばせる方法は見つからない**のです。

僕がコンサルティングをしている歯医者さんでは、初めてのお客様にアンケートを取ることを始めました。

受付時にアンケート用紙で、

「今日はどうされましたか?」

「どこが痛みますか?」

などの治療に必要な情報を聞くだけでなく、

「治療方針の説明をじっくりしてほしいですか？　それともお任せいただけますか？」

「これまで歯科医院で嫌な思いをしたことはありますか？　それはどんなことですか？」

などと、患者さんが大切に思っていること（価値観）を尋ねるようにしたのです。

これによって、患者さんの定着率が大きく変わりました。

商談でも、こういうところまで聞き出すことができると、お客様の気持ちに沿った商品提案やサービス提供ができるので、満足度を高められます。

相手を喜ばせることがビジネスなのだから、相手の話をしっかり聞いて、どんなことを望んでいるのかを知ることがとても大切だということです。


さらに、**聞くことで、相手がどんな言葉を使うのか、どんな表現をするのかを知ることもできます。**

以前、ある会社の人事部の方とお話ししていたとき、その方がやたらと「指示待ち人間を減らしたい」とおっしゃっていました。それを聞いていたので、僕は研修の提案書に「指示待ち人間を減らすために」という表現を入れたのです。そうすると「分かってくれているね！」と喜んでもらえました。

**相手が使う言葉や表現を知り、こちらも使うことによって、早く、深く、相手と分かり合えます。**

「聞く」のチカラ②

## 信頼関係を築ける

少し前の話ですが、ある上場企業に研修に行く機会がありました。その会社は歴史が長く、創業者のマインドが色濃く残っています。そこで、研修の契約をする前に、社長と面談のために食事をすることになったのです。僕が社風に合っているかを確かめたいとのことでした。

当日、お会いするなり「今日は2時間しかないからね」と言われて始まったお食事会だったのですが、結局解散したのは6時間後、夜中の1時でした(笑)。

寿司店から、カフェ、バーと場所を移動して会話は盛り上がったのですが、その間、僕はほとんど話をしていません。ただただ社長のお話を聞いていただけなのです。

僕がどんな人なのか知りたいということでセッティングされた面談の場なのに、僕がどんな仕事をしているのか、何を大切にして生きているのか、どんな実績があるのか、どんな人生を歩んできたのかなどの話はゼロです。

それでも、翌日には、人事部長から「社長がすごくお気に入りです。社員への研修だけでなく、社長自身のコンサルもしてくれないかと申しています」と電話がありました。

面白いですよね。こちらの話をしなくても、**ただただ相手の話を聞くだけで、相手から信頼を得ることができる**のです。

「聞く」のチカラ③

## 感謝される

**聞くスタイルの商談ができるようになると、それだけで「今日は聞いてくれてありがとう」と感謝されるようになります。**

僕も、紹介などで新しいお客様とお会いした際、1時間くらいの商談が終わると、必ず「今日は話を聞いてくださって、ありがとうございました」と言われます。

商談して感謝されるなんて嬉しいですし、嫌われないか心配しなくていいので、商談へのハードルが下がりますよね。

そして、相手が「話を聞いてもらえて嬉しい」と感じてくれているので、いい関係を築くこともできます。相手企業の人事部の方が、個人的に僕を応援してくれるようになり、その後の契約やサービスの提供をしていくうえで、大きなチカラになってくれるのです。

たとえば、初めての商談の後には「社内会議にかけるので、企画提案書や見積書を出してください」と言われることが多くあります。その際に担当の方が「こういう提案書がいいと思いますよ！」などと、ヒントをくれるようになるのです。これに、僕はかなり助けられています。

「聞く」のチカラ④

## 相手の納得感が高まる

聞くことで、こちらが相手のことを知ることができるだけでなく、相手にもいいことが起こります。前述したように、**自分の言葉で話すことで、自分の気持ちに気づいたり、考えを整理したりできる**のです。

大企業の社長のコンサルティングをするときも、僕からアドバイスをすることは一切なく、ただただ相手の話を聞いているだけです。ただそれだけなのに、社長は自分から話すことで、気持ちに気づいたり、考えを整理したりできます。

**人からアドバイスされるのではなく、自分で気づくと、納得感が大きく違いますよね。**

これは、商談において、とても大切です。

他人から「あなたにはこの商品が必要だと思いますよ」と言われるのと、「私はこの商品が必要だと思う」と自分で話すのでは、「欲しい気持ち」の大きさと深さが違います。

「今、こんな問題がある」

「それを解決したいと思っている」

「解決したらこんなに嬉しいと思う」

と自ら話すことで、自分の気持ちを確認でき、「欲しい」が高まっていくのです。

相手の話に耳を傾けることで、相手に自分の言葉で話し、気づいてもらう。それが、商談の秘訣《ひけつ》だと理解してください。

売れる技術⑨

## 「聞く」で、相手を知り、信頼関係を築く

# 「聞く」のコツ

「聞き上手」になるには、いくつかのコツがあるのでお伝えします。

## 「聞く」のコツ①
## タイミングのいいあいづち

あいづちの言葉の由来は、刀鍛冶《かたなかじ》だそうです。お師匠さんが熱せられた鉄の塊を目の前に置き、槌《つち》（ハンマー）で叩く合間に、弟子も槌で叩いていくのです。師匠と息を合わせなくてはならないので、タイミングが大切です。少しでもズレると互いの槌がぶつかってしまいます。

会話も同じようにタイミングが大切です。

あいづちのタイミングが早いと「聞く気があるのかな?」となりますし、逆に遅いと

「聞いてる？」と不安な気持ちになります。

**相手が話すスピードに合わせて、あいづちを打つようにしましょう。**

「聞く」のコツ②

## どんな話も「いいね！」と受け止める

想像してみてください。

あなたの話を僕が「いいね！」と聞いたら、どんな気持ちになるでしょう？

「聞いてもらえて嬉しいな」

「受け止めてくれて嬉しいな」

「賛同してくれて嬉しいな」

「もっと話したいな」

となりますよね。とても自然なことです。

逆に、どんな話をしても、

「でもさ……」

「そうじゃなくて……」

と返されると、

「この人は分かってくれないな」

「もう話すのをやめよう……」

となります。

**「いいね！」と言って、話を聞くことはとても大切です。**

このとき、聞く側のあなたが、本当にいいと思うかどうかは、実はあまり大切ではありません。どんな話でもまずは「いいね！」と受け止めてあげればいいのです。**聞くことの目的は、相手に気持ち良く話してもらうことです。**ここで言う「いいね！」は「賛成です」ではなく、「聞いていますよ」の意味なのです。

もし、意見が違っていて、それが売れるためにどうしても大切なのであれば、一度、相手の話を「いいね！」と受け止めておいて、その後に「私はこう思います」と自分の意見を伝えればいいでしょう。

「聞く」のコツ③
## まとめて返す

「まとめて返す」は、商談においてはとても大切です。**「ここまでの話ってこういうこと**

**ですよね？」と、相手の話をまとめて返してあげるのです。**

これをしないと、いつの間にか話がズレていたということになりがちです。互いを理解するために商談をしているのに、誤解があっては意味がありません。それを避けるためにも、「ここまでの話はこれで合っていますか？」と、ときどき確認を取るといいでしょう。

まとめて返すことは、ちゃんと聞いていないとできないので、相手に、

「聞いていますよ」

「理解できていますよ」

と伝えることにもつながります。

**「聞く」のコツ④**

## 同じ気持ちになる

相手が楽しい話をしているときは、こちらも一緒に楽しくなって「それは楽しいですね！」と反応する。相手が悲しい話をしているときには、同じ気持ちになって「それは悲しかったですね」と反応する。相手が悩みを打ち明けてくれたら、同じ気持ちになって「それはツラいですね」と反応する。

**相手がそのときに感じているであろう気持ちと、一緒の気持ちになれるといいですね。**

そして、**その気持ちを言葉にして返しましょう。**そうすると、相手に、

「この人は分かってくれる人だ」

「この人は仲間だ」

と、心を開いてもらいやすくなります。

ただし、大げさになるといやらしいので、あくまでも本音で自然にしてくださいね。

「聞く」のコツ⑤

## 話を奪わない

ついつい、こちらの知識や経験が多い話題になると、話を奪ってしまいがちです。

僕は、よく海外を旅しているので、海外の話になると、すぐに話を奪ってしまうのです。

先日も友達に「インドに行ってきたんだ」と話しかけられたのですが、「インドいいよね。○○は行った?」と、ほんの数秒で相手の話を奪ってしまいました。相手は自分が話したくて話しかけてくれたのに、数秒で奪ってしまっては申し訳ないですよね。

**聞いている時間は、相手の話を受け止めることに集中したいものです。**

聞くことは、家庭でも、職場でも、簡単に練習できますし、練習すればするほど、相手にも喜んでもらえます。ぜひ、たくさん実践練習をしてみてください。

まずは相手が話してくることを「いいね！」と受け止めればいいのです。聞くだけで、相手を知り、信頼関係を築くことができます。

**売れる技術⑩**

**聞くときは、**
**①タイミングのいいあいづち**
**②「いいね！」③まとめて返す**
**④同じ気持ちになる ⑤話を奪わない**

# 「問う」のチカラ

相手の「欲しい気持ち」を引き出すうえで、「聞く」はとても効果的なのですが、実は限界があります。それは、相手が話そうとすることしか受け取れないからです。

そこで、次は「問う」をしましょう。**問うことで、相手の気持ちや考えなど、相手が意識していないことまでを引き出すことができます。**

先日、お花を買いに行ったときのことです。

店員さんに、

「どんな花をお探しですか？」

と聞かれたので、

「明るい気持ちになるような色の花がいいかなと思ってるんです」

と答えました。するとさらに、

「なぜ、花を買おうと思われたんですか？」

と聞いてくださいました。

これは、気持ちを引き出す、とてもいい質問ですよね。

「最近、ちょっと元気がないので、元気が出るように、部屋に花を飾りたいんです」

そう僕が答えたところ、

「この花だと長持ちもしますし、部屋に飾るにはいいですよ！」

と、ササッと何本かの花を見繕ってくれました。

この店員さん、たった二つの質問と少しの話だけで、僕の気持ちを引き出し、満たしてくれたのです。すごいですよね。


このように、「売れる」において「問う」はとても効果的です。

「問う」のチカラを整理しましょう。

「問う」のチカラ①

## 相手に気づかせる

たとえば、「今晩、何を食べたい？」と問いかけられれば、「○○を食べたい」という気持ち（ニーズ）に気づくように、**人は、問いかけられることで、自分の気持ちや思いに気づくことができます。**

「気づく」とは、意識していなかったことを意識することです。

人は、普段はできるだけ無意識で生きていこうとしています。なぜなら、目に見えるものすべてを意識すると、脳が情報を処理しきれなくなるからです。

たとえば、あなたのスマートフォンの待ち受け画面を、何も見ずにイラストに描けますか？　どのアイコンがどこに並んでいるか、正確に分かりますか？

なかなか難しいですよね。あんなに毎日、何回も見ているのに。それは、あなたが意識していないから、覚えていないんですね。要するに興味がないのです。もし、あなたがスマホやアプリの開発者であれば、覚えていたかもしれませんね。

**人は目ではなくて、意識でものを見ています。意識すれば見えるし、意識しなければ見えない。**

これは、毎日の生活の中でも自然と起きています。

たとえば、あなたが「自分の幸せ」を意識できていないと、幸せのチャンスが目の前を通り過ぎても、それが大切なチャンスだと気づけないということです。

逆に言うと、ちゃんと自分の幸せが分かっていれば、しっかりとつかむことができます。

さっき道ですれ違った人が、あなたの運命の人かもしれませんよ（笑）。


商談においても同じです。

実は、僕が**商談でしていることは、相手に「意識してもらうこと」**なのです。

意識してもらえれば、「欲しい」という気持ちは自然と見えてくるのです。

逆に、意識できていないと、どんなにいい商品でも、それが自分に必要なものだと理解できず、「欲しい」と思えないのです。

たとえば、僕があなたに、

「たくさん話さないと売れないって、思っていませんか？」

「売ると嫌われるって、思っていませんか？」

と問いかけると、自分の中にそういう気持ちがあることに気づけますよね。

そして、その解決策があることを意識するようになることで、「欲しい」という気持ちにつながっていくのです。

「問う」のチカラ②

# 相手の思考を整理できる

**問いかけられると、人は思考を整理できます。**

たとえば、僕があなたに「今年中にやっておきたいことは何ですか?」と問いかけると、あなたの頭の中にあるたくさんの「やりたいこと」から、「今年中にやりたいこと」を引き出し、整理することができます。

**頭の中にごちゃごちゃと入っているものを、ある基準で整理できるのが「問う」のチカラです。**

商談でも同じです。

多くの人は、自分の状況、気持ち、考えをきちんと整理して生きているわけではありません。そして、自分の思考が整理できていないことが原因で、明確な理由はないけれど、「なんとなく、またでいいか」と買うのをやめてしまうことがあります。

そこに「整理するための問い」があると、この壁が一つ一つ取り除かれていきます。

僕は、

「今、どんな問題がありますか？」

と問いかけて相手が抱えている問題を一緒に整理したり、

「どうすれば良くなりそうですか？」

と解決策を整理したりするお手伝いをしています。

また、「欲しいのだけど、現実的に難しくて……」という方がいた場合、

「具体的にどんな壁があるのですか？」

「それは何が問題ですか？」

「どうすればいいですか？」

と問いかけることで、買えないという問題を整理してあげることもよくあります。

「整理する」とは、問いかけることで思考の道筋をつくっている感じですね。

それによって、「欲しい気持ち」を引き出していくことができるのです。

「問う」のチカラ③
## 相手の行動を促せる

先日、紙で手を切ってしまいました。コンビニに絆創膏《ばんそうこう》を買いに行き、「絆創膏ってど

こにありますか?」と尋ねました。すると、店員さんが親切に商品棚から絆創膏を持ってきてくださり、さらに、僕の手に巻くのを手伝ってくれました。

僕は問いかけただけなのに、相手の行動を促すことができたのです。

企業研修で資料を配布したいときは、先方のご担当者に「これ、コピーしてください」とお願いするのではなく、「この資料を配布したいのだけど、どうするのがいいと思いますか?」と問いかけることにしています。

なぜなら「コピーしておいて」だと、僕に頼まれた他人事の仕事になるからです。

しかし、「どうするといいと思う?」と問いかけると、相手は自分のベストを考えてくれますよね。それによって、僕一人で考えるよりもいいアイデアが出るかもしれませんし、何よりも相手も自分で考えることで、自然とやる気になります。

この二つの例のように、**問いかけることで、相手の行動を促すことができます。**

僕は、商談の中では**「どう思いますか?」**とよく問いかけています。

たったこのひと言だけでも、相手は自分の意見を考え、話してくれるようになります。

商談の最後には**「この次は、どうしましょうか?」**と問いかけて、次の約束を自然と取り付けています。

「問う」のチカラ④

## 会話をコントロールできる

僕はよく人と食事に行きます。2時間くらいの間、相手がよく話して、僕は聞いているというパターンが多いのですが、実は、この**会話の全体をコントロールしているのは、話しているほうではなくて、聞いているほう**なのです。

こちらが話すことで会話をつくることもできるのですが、それをすると、相手を置いてけぼりにすることが多くなります。なぜなら、相手が聞きたいことではなく、自分が話したいことを話しがちだからです。

僕も「問い」を知らなかった頃は、自分が一生懸命に話していました。しかし、熱弁すればするほど、相手の気持ちは遠くなっていきました。

逆に、しっかりと聞くことができれば、相手に気持ち良く話してもらうことができます。そして、話のタイミングを見計らって自分の聞きたいことを問いかければ、自然とその話題になります。何を問いかけるかによって、それ以降の話題をコントロールすることができるというわけです。

**商談においても、適切に問いかけることで、話題をコントロールできます。**

たとえば、初めてお会いしたような人に「御社が抱えている問題についてお話しくださ い」と言っても、きっと話してくれませんよね。話しにくいですし、「なんで話さなきゃ いけないの？」となります。当然です。

そこで「今、〇〇で悩んでいる経営者が多いみたいですけど、〇〇さんはどうですか？」 と問いかけると、自然と「そうなんだよ。うちもね……」と話し始めてくださることがよ くあります。

相手の「欲しい」という気持ちを引き出すためにたくさん聞いたほうがいいという話を しましたが、ただただ受け身になって聞いていればいいということではないのです。

適切に問いかけることで、会話をつくっていくのです。

ただ注意していただきたいのは、**誘導はしない**ということです。ここがすごく大切です。 問いかけることで、「こんなことについて話そう」という提案はしても、「こんな答えを 持ってほしい」「こんなことを言ってほしい」と、誘導するわけではないのです。

だから、ときどき見かける「イエスと言わせる質問」というスタンスではありません。

問いかけるのは、誘導ではなく、「買いたい」「欲しい」という気持ちに気づいてもらうため。気づいてもらうことで、こちらの商品がいいと思ってくれれば、「イエス」と言ってもらえるでしょう。

「問う」のチカラ⑤
## 相手の視点や思考を変えられる

かつての僕は、自分の売上を上げていくために、「どうすれば儲かるだろう？」と自問していました。そして、その答えを探していました。しかし、この問いをするようになってから、徐々に売上が落ちていったのです。

後から気づいたのですが、**自分の売上ばかりに意識がいっていると、お客様をないがしろにしがちです。**人と会っても「この人からいくら稼げるかな？」と考えるようになるし、飲みに誘われても「これに行くことで仕事につながるかな？」と考えるようになったのです。うまくいくはずがないですよね。

そんなとき、ある経営者の著書に「私は、ありがとうを求めて経営している」と書かれていました。それを読んだときには正直な話、「そんなきれいごとで、売上が上がるのかな？」と思いました。しかし、自分は売上が少ないけれど、この経営者はめちゃくちゃ儲かっている。それならば、素直にマネしてみようと思ったのです。ここが僕の良いところです（笑）。

そこから、自分への質問を**「どうすれば、ありがとうと言ってもらえるだろう？」**に変えました。たったそれだけのことなのに、僕とお客様の関係は良くなっていき、売上も徐々に上がっていったのです。

**問いかけられると、人は自然と考えます。**
**まだ考えたことがないことを問いかけられると、視点の変化や思考の広がりが自然と起こっていきますね。**

先日、友人と話していたときのこと。

「沖縄っていいよね」という話になったのですが、その友人は僕に「一緒に行かない？」と問いかけてくるのではなく、「いつ沖縄に行く？」と問いかけてきたのです。

これは、上手ですよね。

「一緒に行かない？」だと、「行く」「行かない」の2択になり、結果、「行かない」という答えになるかもしれません。

しかし、「いつ行く？」だと、行くのは前提なので、「何月何日か」という選択になってきます。「行かない」という答えは出てきにくくなります。

この問いのテクニックは、商談でもそのまま使えます。詳しくは、断られないクロージング④（254ページ）でお話しします。

売れる技術⑪

## 「問う」で、相手が意識していないことまで引き出す

# 「問う」のコツ

ここからは僕が実践してきたことをもとに、「問いかけ上手」になるコツをお伝えします。

実は「問い」はめちゃくちゃ深いものなのです。それだけで1冊の本になるくらいなので、ここでは、商談をするうえでのコツだけに絞ってご紹介します。

「問う」のコツ①
## 簡単な質問から入る

相手から、率直な気持ちや考えを聞き出したいですよね。だからといって信頼関係もできていないのに「どんな商品が欲しいですか?」と、いきなりつっこんだ質問をすると、相手は嫌がってしまいます。

そこで、まずは、**相手が答えやすい簡単な質問から入りましょう。**

たとえば、

「今日はいい天気ですね？」

「気持ちいい季節ですよね？」

といった質問がいいと思います。


僕は、近所のケーキ店で、三つもケーキを買ったことがありました。しかも、どれも僕が大好きなフルーツのケーキ。すると店員さんが、

「フルーツのケーキお好きなんですか？」

と簡単な質問をしてくれたんですね。僕が、

「そうなんですよ。おいしいですよね」

と答えると、

「私もフルーツケーキが好きなんです！　この三つもいいけど、こちらのフルーツケーキもオススメですよ！」

と教えてくれたのです。そのひと言で、僕はケーキを四つ買うことになりました。

あなたも、まずは、相手が答えやすい簡単な質問を投げることをしてみてくださいね。

「問う」のコツ②

## どんな答えも「いいね！」と受け止める

これは「聞く」のコツ②（79ページ）でもお伝えしたのですが、**問いかけた相手の答えは、どんな答えでも「いいね！」と受け止めてください。**

大切なポイントは「どんな答えでも」です。

相手の話を引き出しているときには「相手の考えや価値観」が大切なのであって、「あなたがどう思うか」は大切ではありません。せっかく問いかけて、相手が話そうとしてくれているのに、あなたが「いや、そうじゃない」と言ったとしたら、相手は一瞬で心を閉ざすどころか、ケンカになってしまうかもしれません。

もし、商品をオススメするうえでどうしても反論したいことがあれば、相手の話を全部「いいね！」と受け止めた後で、「あなたがより良くなるには、こういう発想もいいかもしれないですね」と伝えましょう。

くれぐれも、自分の意見や考えを相手に押し付けるためではなく、相手のために伝えてほしいのです。そのスタンスが信頼につながっていきます。

「問う」のコツ③

# 待つ

問いかけたとき、相手が黙ってしまうことがあります。

すると、「難しかったかな」「伝わらなかったかな」と心配になり、つい焦って別の質問をしたり、話題を変えたりしてしまいがちです。こうなると、深い会話は難しくなります。

相手が黙っているのは、「一生懸命に考えているから」なのです。

僕は多くの社長にコンサルティングを提供していますが、1時間のうち半分くらいは、どちらも話さない時間があります。

その間、相手はずっと考えているのです。本人の中では思考が進んでいるので、そこで僕が余計なことを言うと、その思考を遮ってしまうことになります。**黙って待っているのが一番です。**もし、問いかけたことが分からないときは、相手から「どういうことですか？」と質問の意図を尋ねてきてくれます。

人は沈黙を嫌いますから、黙って待っていることが、相手が考えるのを促すことにもつながります。**「問い」のチカラを信じて、焦らず、じっくりと構えてください。**

「問う」のコツ④

# 尋問しない

「問い」と「尋問」は大きく違います。

**「問い」は、相手のためのものです。**相手が自分の気持ちに気づき、考えを整理することを促すためのもの。

**「尋問」は、相手を追い詰めるためのものです。**相手の気持ちはどうでも良くて、ただただ、こちらが何かをしたいがための「問い」を尋問といいます。

たとえば、遅刻してきた人に「なんで遅れたの？」と聞くのは尋問です。相手が遅れてきたことにイライラして、相手を責めるためのものになっています。

そうではなく、「どうすれば、次は時間通りに来られる？」と聞くのが問いです。これなら相手のためになっていますよね。

「問い」と「尋問」の違いがちょっと難しいのです。単純に言葉の違いではないのです。たとえば、新入社員に「この会社でどんなことにチャレンジしたいですか？」と聞くのはいい問いですよね。それぞれが、夢や目標を語ってくれるでしょう。

しかし、同じことを40代や50代のベテラン社員に問うと、どうなるでしょう？　素直に夢や目標を語ってくれる人もいるかもしれませんが、「こんなにがんばっているのに、まだ何かにチャレンジしろというのか？」と怒る人や、「え、私はがんばっていないということですか？」と気持ちが凹《へこ》む人もいるかもしれません。

**「問い」は、言葉だけでなく、誰が、いつ、どんな気持ちで問いかけるかが大切になってきます。言葉ではなく、相手を想う気持ちが大切だということです。**

「これは尋問になっていないだろうか？」

「これは自分のためだけになっていないだろうか？」

商談でも、そう自問しながら問いかけてください。

**売れる技術⑫**

**問うときは、**
**①簡単な質問から入る　②「いいね！」**
**③待つ　④尋問しない**

# 「話す」のチカラ

「聞く」と「問う」で、相手の「欲しい」を引き出すことはとても大切ですが、それだけでは売れません。

**自分（自分の商品）が「欲しい気持ち」を満たせることを「話す」必要があります。**

たとえば、

「自分は、相手の抱えている問題を解決できること」

「自分の商品で、相手の欲しい気持ちを満たしてあげられること」

これらの話をすることで、相手の「欲しい」を育てることができます。

「話す」のチカラを考えていきましょう。

「話す」のチカラ①

## 教える

「話す」には、「聞く」と「問う」ではできないことができます。それは、**「相手が知らないこと」を教えること**です。

たとえば、小学生に「売れる秘訣《ひけつ》って何だと思う?」と問いかけても、きっと答えは返ってこないですよね。それは、相手の中に考えるための材料がないからです。

同じようなことが僕にもあります。

研修や講演などで全国各地に伺うと、よく「今日の夕食は何がよろしいですか?」と聞かれるのですが、なかなか答えられないのです。なぜなら、辺りにどんなお店があって、何が食べられるかを知らないからです。

そういうときには、

「こういう考えがあるよ」

「こういうアイデアがあるよ」

と、相手に話して、教えてあげるといいですよね。

商談においても、

**「どんな商品なのか」**

**「いくらなのか」**

**「どんないいことがあるのか」**

**「他のお客様の事例」**

**などは、相手から引き出すことはできないので、こちらが話し、教える必要があります。**


有名なたとえ話があります。

ある国に、二人の靴のセールスマンが営業に行きました。

一人の男は本社に、こう報告をしました。

「この国では靴は売れません！　なぜなら、誰も靴を履いていないからです」

もう一人の男は、こう報告をしました。

「この国では、たくさん靴が売れます！　なぜなら誰も靴を履いていないからです」

「靴があるともっと幸せになる」と相手に気づいてもらうことが、本書でお話ししている「売れる技術」の基本的な発想です。

**「裸足だと足が痛い（悩み）」**
**「足が痛くならなければ、もっとたくさん遠くまで歩ける（理想の姿）」**
**「その理想の姿を得るために、靴という便利なものがある（解決策）」**

このとき、「靴」という解決策は、相手に問いかけても出てきません。なぜなら「靴」を知らないからです。そこで、靴という便利なものがあるということを相手に話して、教えていく必要があるのです。

それに気づいてもらうことで、相手の「欲しい」という気持ちが大きくなります。

また、「他のお客様の声」として良い口コミを伝えると、「私も同じようになりたい！」と相手は思うので、「欲しい気持ち」をさらに大きくすることができます。

「話す」のチカラ②

## 心を開いていることを示す

「相手が心を開いて話してくれない」という悩み相談をよく受けます。

相手が心を開かない理由は二つあります。

一つ目の理由は、「こちらが心を開いていないから」。

**「鏡の自分は先に笑わない」という言葉があるように、相手に心を開いてほしいのであれば、先にこちらが心を開くこと**が必要です。こちらが心を開かないのに、相手だけ心を開くことはありません。

心を開いていることを示すには、まず、こちらから話すといいですよね。

たとえば、いきなり問いかけるのではなくて、「私はこう思いますけど、どう思いますか?」と言うだけでも、相手は話しやすくなります。

僕が商談をするときには、初めの5分くらいは、最近あったくだらない笑い話をすることにしています。その時間をつくることで、

「今日はざっくばらんな柔らかい雰囲気で話していいんだな」

「今日はこれくらい本音で話してもいいんだな」

と会話の基準をつくることができ、相手との関係も築いていけます。

二つ目の理由は、「あなたをまだ信頼していないから」です。

「あなたに話したところで意味がない」と思っているか、「あなたに話すと損をしそう（売り込まれそう）」と思っているかです。

洋服などを見に行ったとき、「何かお探しですか？」と店員さんから問いかけられても、「いや、別に……」と心を閉ざしがちですよね。それは、この理由ではないでしょうか。

この問題を解決するには、**商談に入る前にちゃんと自己紹介をすることです。実績や事例なども話すことで、「信頼に値する人だな」と思ってもらえます。**

とはいえ、僕は初めて会う人に、いきなり自分の実績を話すのは照れくさいので、この役割を名刺に託しています。名刺なら、ほとんどの人がちゃんと読んでくれます。そこに、「自分は何を提供しているのか」という商品やサービスの内容だけでなく、実績も書いておけば、自然な形で伝わります。

このように、互いに心を開いて対話できる関係をつくるには、こちらから話すということが大切です。**「話す」には、相手も話したくなる関係をつくるチカラがある**のです。

**売れる技術⑬**

## 「話す」で、教え、心を開いていることを示す

# 「話す」のコツ

「自分がたくさん話すと嫌がられるのではないか……」と心配している人も多いでしょう。

きっとそれは、誰かに一方的に話をされて、嫌だなと思った経験があるから、自分はそうしたくないなと思っているのかもしれませんね。

でも、中にはたくさん話しても嫌われないどころか、「もっと話を聞きたい！」と思われる人もいます。その違いは何でしょうか。

ここでは、商談においての「話し上手」になるコツを一緒に考えていきましょう。

**「話す」のコツ①**

## 話す前に許可を取る

簡単なのに、かなり効果的な方法があります。

それは、**話し始める前に「話してもいい？」と許可を取ることです。**

「話していい？」と聞かれて「イヤ」と言う人はいないと思うのですが、このひと言を言うのと言わないのでは、相手の「話を聞く姿勢」が大きく変わってきます。

相手は「聞こうという姿勢」になってくれますし、こちらが相手を思いやっている気持ちも伝わります。

具体的には、「聞く」と「問う」をして、しっかりと相手の気持ちを引き出した後、**自分の話を始める前に「興味ありますか？」と質問します。**

「たくさんの話を聞かせてくださって、ありがとうございます。私は、あなたの問題を解決できると思います。実はこれまでにもさまざまな問題を解決していて、事例もたくさんありますよ。その話に興味ありますか？」

そう尋ねるのです。

自分の悩みや理想をたくさん語った後に、

「それを解決する（叶《かな》える）方法があるのだけれど、興味ありますか？」

と問いかけられると、ほとんどの人は「興味がある」と答えます。僕の経験上は100

パーセント「はい！」と答えてくれます。

そこから「では、お話しさせていただきますね」と、自分の話を始めるのです。

そうすると、相手は「これからあなたの話を聞きます」という態勢になっています。押し売りをされている感じもなくなり、相手の心に入っていきやすくなります。

しかも、「興味がある」と言っている人にお話をするので、こちらも話しやすいです。

「相手は興味ないかも……」と思いながら話をするのはしんどいですし、「話を早く終わらせないと……」と焦ってしまい、大切な話がちゃんとできないこともありがちです。

興味のある人だけに話すので、成約率も格段に高くなります。売れる見込みのない人と話さなくてもいいので、気苦労も無駄な時間も少なくなります。

なお、ここで「興味ないです」と言われたら、潔く撤退しましょう。売れる可能性は低いですし、もしゴリ押しで売れたとしてもいい関係にはならないので続かないからです。

「話す」のコツ②

## 相手に合わせた話をする

僕はよく、お客様と商談をするときに「この人は、何を大切にしているのだろう？」ということを自問しながら会話をしています。

何を大切にしているかというのは、「これは買う、これは買わない」を決めるときに、**「何を基準にして決めているのか」**ということです。

たとえば、「安さ」が大切な人もいます。「質」を気にする人もいれば、「お客様の声」「長く使えるか」「こだわりがあるか」「唯一無二か」「リセールバリュー（再販価値）」など、いろいろな基準があります。

これを知ることができると、話がラクになります。

なぜなら、安さを気にしている人には、「安いですよ。費用対効果が高いですよ」という話をすると相手はグッとくるでしょう。

しかし、安さを気にしている人に、「これは他では買えないものなんです。ちょっと高いですけどね」と話しても売れません。逆に、このセリフにグッとくる人もいるでしょう。

**相手が何を基準に良し悪しを判断しているのかを知ることができれば、その判断ができる材料を与えればいいのです。**

僕は、よく「どこかオススメのお店はありますか？」と商談相手に問いかけています。

相手が「〇〇というお店がいいよ」と教えてくれたときに、「どんなところがいいのですか？」とさらに問いかけます。

この答えが、その人がお店を選ぶときに大切にしていること**（選択の基準）**なので、同じ切り口で商品をオススメするようにしています。

## 「話す」のコツ③
# エピソードや事例、数字で話す

「僕ってすごいんですよ」

「ちゃんと結果を出しますよ！」

と言われても、全然グッとこないですよね。なぜなら口では何とでも言えるし、本当かどうか分からないからです。

でも、**「〇〇さんのおかげで〇〇できました！」というようなお客様の声や、「半年で売上４倍に！」というような事例は、客観的な価値が伝わります。**

ホテルや飲食店を予約する際に、口コミを参考にする人も多いと思います。リアルなエピソードが聞けるので、「自分も同じようになりたい」とイメージしやすくなりますよね。


**実績を語るときには、できるだけ数値化します。**

「たくさん売れました」と言われても、ピンときませんよね。その人の「たくさん」と、僕の「たくさん」は違うので、正確に伝わりません。

しかし、**「3日間で1000個売れました」**のように数値化することで、間違いなく伝わるようになります。

### 「話す」のコツ④

## 相手を悪者にしない

昔、この仕事を始めた頃、ある会社の社長に「あなたは自分の会社のことを考えていないし、社員の話も聞いていない。だから業績が良くないんです」というようなことを話したことがありました。

社長は「なんで、そんな失礼なことを言われないといけないんだ！」と激怒しました。

たしかにそうですよね。今思うと、僕も同じ気持ちになると思います。

自分のダメな点を指摘されるのは、なかなかにしんどいことです。しかも、言われた内容が図星であればあるほど、嫌な気持ちになるのかもしれません。

今は、僕は**相手を悪者にしない**ようにしています。

たとえば、先にあげた例だと「社員が、社長の指示命令を待っているだけではなくて、自分から提案してくれたらいいと思いませんか？」などと話します。

**「これができていないから、良くしませんか？」**ではなくて、**「これができると、いいと思いませんか？」という話し方**にしたのです。

この話し方だと、相手を嫌な気持ちにすることなく、自分のできていないところに気づいてもらうことができます。

「悪者」をつくらない、相手を責めない話し方を心がけてみてくださいね。

**「話す」のコツ⑤**

## 上手でなくていい。丁寧に話す

これは、商品や価格帯、売っている人や買う人の性格などにもよるので、一概には言えないため、参考までに聞いてください。

上手に話すことも大切ではあるのですが、それよりも**丁寧に一生懸命に話すほうが大切**ではないかと思うのです。

僕の仕事は、人前で話をすることです。

以前は、講演時間が2時間なら2時間分の原稿を用意していました。この時間でこれを話そうと決めて、何度も練習をして、本番に臨んでいました。何度も練習しているので、話が途切れることも間違えることもなく、とてもスムーズです。

でも、いくつかの問題が起こったのです。

まずは、どれだけ準備をしても準備した通りにはならないこと。内容をきっちりと決めすぎていると、予想外なことが起こると対応できないんですよね。そして、思ったほど、参加者の満足度が高くないということが分かりました。

そこで僕は、おおまかな流れだけを決めて、講演に臨むことにしました。

そこにいる参加者の表情や目を見て、その場で言葉を紡いで、丁寧に話すようにしたのです。時には詰まることもあるし、何を話そうかとしばらく考え込むこともあります。

でも、そういうやり方をすると、

「生きた話が聞けた」

「ライブ感があって良かった」

「何度も参加しているのに毎回違う話が聞ける」

などの感想をいただくようになり、参加者の満足度が高くなったのです。

話す原稿を用意していた頃は、「予定通りに進めること」に意識を持っていました。

原稿を用意しなくなった今は、**「目の前にいる人」に意識を向ける**ようになったのです。

この違いは、商談においても大切なポイントです。

誤解しないでほしいのですが、原稿を用意しないというのは、何もしないわけではありません。商談でアドリブで話せるよう、常日頃からしっかりと自分の伝えたいことを理解し、準備しておく必要があります。

「話す」のコツ⑥

## 期待させすぎない

お客様は、期待がないと買いません。

でも、**お客様を期待させすぎると、満足させるのが難しくなります。**

お客様が満足しないということは、その先の「リピート購入」にも「紹介」にもつながらないので、ビジネスを長く続けることが難しくなります。


満足度は、事前の期待値と、実際に得られた価値の「差」でできています。

たとえば、あなたの商品の価値が、100だとします。事前の期待値が60だとすると、差の40が満足度となります。逆に事前の期待値が110だと、差がマイナス10となり、

「残念だった」と評価されるのです。

満足度を高めるには、商品の価値を上げるか、事前の期待値を下げるかのどちらかしかないのです。でも、事前の期待値を下げすぎても今度は売れないということになりますので、**理想は「売れるギリギリくらいの低めの期待値」にすることを目指す**といいですね。

商談をするときには、なんとか売りたいから「この商品は最高です」と、ついつい言いがちですよね。そこで、話を盛りすぎないほうがいいのです。

そうすると、「買わない」という人もいるかもしれません。しかし、話を盛りすぎて後でがっかりされるくらいなら、売れないほうが長い目で見るといいのではないでしょうか。

**売れる技術⑭**

**話すときは、**
**①許可を取る ②相手に合わせた話をする**
**③「お客様の声」と数値化 ④相手を悪者にしない**
**⑤丁寧に ⑥期待させすぎない**

# 第3章

# 売れる言葉をつくる

## 自分の商品を知る

# 自分の商品の価値を知ってる？　語れる？

「聞く」「問う」「話す」の対話のコツが分かったら、ここからは「売れる準備」として、自分の商品に詳しくなりましょう。自分自身が理解していないことを他人に伝えるのは難しいからです。

自分の商品を知るメリット①

## 自分の言葉で語れる

**自分の商品の価値や魅力をよく理解していると、自分の言葉で、相手がグッとくる話ができる**ようになります。逆に、自分の商品をよく理解していないと、「間違いはないけれど、心には届かない言葉」しか話せないことになりがちです。

自分の商品を知るメリット②

## 遠回りしなくていい

**自分の商品の価値や魅力が分かっていれば、どんな人がこの商品を必要として、どんな人が価値を感じてくれるのかが分かります。**

たとえば、自分の商品が「高いけれど良いものだ」と理解していれば、それを求める人に売ればいいということが分かります。しかし、それが分かっていないと「安さ」を求めている人に売ろうとして、「売れない」「高いって言われた」「安くしないといけないのかな」ということになってしまうのです。これでは遠回りですよね。

自分の商品を知るメリット③

## 戦い方が分かる

中国の『孫子』という兵法書に「彼を知り己を知れば百戦あやうからず」という言葉があります。「相手と自分のことを知っておけば、何度戦っても勝つ」という意味です。

**自分の商品をよく知っておけば、自分が勝てる戦い方ができます。**これはとても大切な視点で、強いから勝てるのではなくて、戦い方を知っているから勝てるのです。

たとえば、僕とあなたが勝負するとき。「僕についてどちらが詳しいか」という勝負をすれば、僕はきっと勝てます（笑）。自分の土俵で戦えばいいのです。

売ることも同じです。相手がグッとくるポイントを押さえ、自分の商品の強みや魅力、逆に不得意なことなどを知っておけば、優位に話を進めていくことができます。

自分の商品を知るメリット④

## 自信になる

**自分の商品の価値や魅力をしっかり理解できていると、自信につながります。**

売る側が「いいかどうか分からないのですが……」と言っていたのでは、買う側は不安になります。自分の商品に詳しくなって、自信を持ちましょう。

自信過剰である必要はないのです。謙虚でも自信を持つことはできますよね。

売れる技術⑮

## 自分の商品に詳しくなる

# 商品の価値が伝わるコツ

「売れる」は、恋愛と似ています。

いくらこちらが相手のことを想っていても、どれだけ自分の商品に自信があっても、それだけでは成立しません。

相手に「いいな」と思ってもらうためには、自分の商品の価値や魅力を相手に伝える必要があります。

ここで大切なのは、**「伝える」ではなく、「相手に伝わる言葉にする」**ということです。

商品の価値が伝わるコツ①

## 「相手目線」で言う

相手に「いいな」と思ってもらうためには、**「相手からどう見えるのか」「相手にとってどうなのか」という、相手目線で伝えることが大切です。**

たとえば、出会いの場の自己紹介で、あなたが「私は真面目です」と言ったとしましょう。それだけでは、相手の心には届かないです。なぜなら、真面目であることが、どういう面で相手にとっていいのかが伝わっていないからです。

そこで、「私は真面目なので、浮気をすることはありません。一途にパートナーを愛します。仕事もきちんとこなしているので、将来にわたって収入の面でも安定しています」と言うと、「いいな」と思う人もいそうですよね。

こんな話をすると、「当たり前でしょ?」と思うかもしれません。しかし、「自分目線」で伝えている人は、意外と多いのです。

たとえば、名刺の裏に自分が持っている資格を列記している人がいます。書いた本人からすると、たくさん勉強して苦労して取得した資格なのかもしれません。その資格ですごいことができるのかもしれません。でも、名刺をもらった相手がその資格を知らなければ、その価値は少しも伝わりませんよね。

それよりも、その資格によって**「相手にどんな価値をもたらすことができるのか」を言葉にするほうが、相手はグッとくる**はずです。

商品の価値が伝わるコツ②

# ひと言で言う

言葉は長くなればなるほど、伝わりにくくなります。**できるだけ短い言葉にしましょう。**

たくさんの言葉を並べないと伝えられないということは、自分自身も本当のところが理解できていないということでもあります。伝えたいことが、自分で深く理解できるようになると、短い言葉で的確な表現ができるようになります。

まずは、長い文章でもいいので、思うことをすべて書き出してみて、その後、「これをひと言で言うと、どういうことなんだろう?」と考え直してみてください。

できれば、次のページから紹介する「売れる言葉」は、それぞれ40~100文字以内にしたいですね。

売れる技術⑯

## 商品の価値を「相手目線」で「ひと言」で言う

## 売れる言葉をつくる①

# 「お客様の困りごと」は何だろう？

　ここから「売れる準備」として「売れる言葉をつくる」ために、自分の言葉で語れるようになってほしいことを10個お伝えします。

　それぞれについて、**「相手目線」**で**「できるだけ短い言葉」**にしてみてくださいね。

「言葉をつくる」ということは、あなたのビジネスモデルをつくることでもあります。

　中には、あなたが「まだ考えたことがない」ということもあるかもしれません。それは大きな成長ポイントになると思いますので、じっくり自分の答えを考えましょう。

　自分の言葉で語れるようになってほしいことの一つ目は、**「お客様の困りごと」**です。

　すべての商品やサービスは、誰かの「困った！」を解決するために存在しています。

　たとえば、遊園地は「友達や恋人とワイワイと楽しめる場所が欲しい！」、飲食店は「仲間とゆっくり語り合う場所が欲しい！」、書店は「知りたいことがある！」、スーパーマーケットは「食材を手に入れたい！」、電車は「遠くまで行く手段が欲しい！」、僕の仕事は「指示待ちの部下をなくしたい！」といった、困りごとを解決しています。

あなたの商品やサービスは、誰のどんな「困った！」を解決しているでしょうか。**あなたの商品が薬だとしたら、どんな症状の人に効くのか**を考えると分かりやすいですね。

**――Q．あなたの商品は、誰のどんな「困った！」に効きますか？**

ぜひ、この問いの答えを、自分で考えて、自分の言葉で表現してみてください。

前述したように、「気づいていないもの」を「気づいていない人」に売るほうがライバルが少ないですし、売上になりやすいです。そういうものを選択してみてくださいね。

売れる技術⑰

## 「お客様の困りごと」を言葉にする

売れる言葉をつくる②

# 「お客様が問題を解決できない理由」とは？

自分の言葉で語れるようになってほしいことの二つ目は、**「お客様が問題を解決できない理由」**です。

お客様は困っているのに、なぜその問題を解決できないでいるのでしょうか。

**Q．あなたのお客様が、問題を解決できない理由は何ですか？**

一般的な答えの例としては、

「そもそも問題だと気づいていない」
「解決できることを知らない」
「解決策があることを知らない」
「間違った考え方をしている」
「間違ったやり方をしている」

「続けられない」

などがあげられます。

それを言葉にできると「そうなのよ！　分かってるね！」とお客様に共感してもらいやすくなります。

たとえば、「健康のためにジョギングを始めたい方へ」と言われるよりも、「ジョギングを始めたけど、筋肉痛になって続けられない方へ」とか、「ジョギングを始めたのに、三日坊主のあなたへ」とか、**「一歩先の悩み」を言葉にする**ほうが「あ、私のことだ」となりやすいですね。

僕には「上司向けの質問力」という研修プログラムがあります。この商品の対象であるお客様の困りごとは、「今の時代に合ったリーダーになりたい」というものでした。

でも、これだと、今ひとつグッとこない。

そこで、「多くの上司がみんな立派なリーダーになりたいとがんばっているのに、うまくいかない理由は何だろう？」と考えてみたんですね。すると、

「一生懸命に部下の話を聞こうとはするけれど、部下が本音を話してくれない」

「引っ張っていこうとしたら、部下が指示待ち人間になってしまった」

「立派な上司であろうとしすぎて、孤立してしまった」

などの「一歩先の悩み」があることに気づいたのです。

それからは、この「一歩先の悩み」を「こんなことで悩んでいませんか？」とお話しし、多くの企業から「いや、その通りなんですよ」と良い反応をいただくことが増えました。

「お客様が解決しようとしてみたけれど、うまくいかないでいる理由」を考えて、言葉にしてみてくださいね。

お客様にインタビューしてみるのもいいでしょう。リアルな言葉が聞けると思います。

売れる技術⑱

## 「お客様が問題を解決できない理由」を言葉にする

売れる言葉をつくる③

# どうすれば解決できる？

自分の言葉で語れるようになってほしいことの三つ目は**「解決策」**です。

**Q．あなたのお客様は、どうすれば問題を解決できますか？**

**Q．あなたが提案できる「解決策」は何ですか？**

ここでお聞きしたいのは、商品自体の話ではなく、「解決策」です。商品は、この解決策を具体化したもので、いくつかの種類をつくることができます。

たとえば、僕なら「売れる技術を身につける」が、ここで言う提案したい解決策。「この本」や「売れる技術マスター講座」「個別コンサルティング」「企業研修」などが商品ということになります。

ここでは、自分の解決策について語れるように、二つのコツをお伝えします。

解決策を考えるコツ①

# 独自性があること

一つは、**「独自性があること」**です。

競合と同じ商品をつくっても売りにくいですよね。

なぜなら、お客様からすると、すでにある商品と同じであれば、新しいものを選ぶ理由がないからです。人は変化することを恐れるので、慣れ親しんだものを買うでしょう。

**あなたの商品は、既存の競合商品と、何かが違っている必要があります。**それは些細《ささい》なことでもいいのです。

この「独自性」をつくるときには、**「お客様は、これまでの商品やサービスにどんな不満を感じているか？」**を考えるといいでしょう。

たとえば、既存のスーパーマーケットに「たくさん買い物をしたいけど、重くて持って帰るのが大変」という不満があったとします。そうした場合、「家まで配達してくれるスーパー」なら独自性があります。

また、食材宅配サービスへの不満が「週に1回しか家まで食材を届けてくれない」だとすると、「午前中の注文で、午後5時までに配達します」というサービスを打ち出せば独自性があり、喜んでもらえます。

このように、お客様が既存の商品やサービスに感じている不満を解消することで「独自性」をつくり出すことができます。

また、商品自体ではなくて、「売り方」で独自性を出すこともできます。スーパーとコンビニとネットショップは、同じものを売っているけれど、売り方の違いで独自性を出しています。

**解決策を考えるコツ②**

## 自分が納得していること

もう一つは、**「自分が納得していること」**です。

僕は美容室のコンサルティングもしています。美容室の売上は、シャンプーなどの物販も大きな割合を占めているのですが、たくさん売れるスタッフとなかなか売れないスタッフがいるのです。

何が違うのだろう……と調べてみると、大きな違いがありました。それは**「本人がいいと思っているか、思っていないか」**です。

自分でそのシャンプーを使って「良いものだ」と思っている人は、自分の経験談としての話ができますし、自分の言葉で魅力を語ることができます。

しかし、そうでない人は、メーカーが用意した、借りてきた言葉で説明することになります。しかも「良い」と思っていないのでウソを言うことになります。そのような言葉は、なかなかお客様に届かないですよね。

**その解決策は「最高にいいものだ！」と自分が納得できるようにすることが大切です。**

売れる技術⑲

## 「解決策」を言葉にする

売れる言葉をつくる④

# どの商品を選べばいい？

「解決策」をもとにいくつかの商品をつくったら、次は、**「商品の選び方」**を自分の言葉で語れるようにしましょう。

## いくつかの商品を用意する

今、あなたは売りたい商品を持っていると思うのですが、**できれば商品はいくつかの種類があるといい**ですね。

**Q．どんな商品があると、お客様に喜んでもらえますか？**

なぜ、いくつかの商品を用意したほうがいいかというと、大きく二つの理由があります。

一つは**「売れる可能性」が高まる**から。もう一つは**「お客様と深い関係」を築ける**から。

商品が一つだと、「買うか、買わないか」という選択になります。

断られないクロージング④（254ページ）でもお話ししますが、商談を進めていって最後の最後の段階になったとき、商品が一つしかないと、お客様にとっては「買うか、買わないか」という選択になり、「買わない可能性」が大きく残るのです。

そこで、**二つか三つくらいの商品があると、「買うか、買わないか」から「どれにするか」に話が変わっていき、「売れる可能性」が高くなります。**

たとえば「ライトコース」「スタンダードコース」「プレミアムコース」のように、同じような価値を提供するいくつかのコースを用意するなどして、内容、時間、量、対象者などで違いをつけるといいでしょう。

また、**いくつかの商品を用意すると、「お客様と深い関係」を築くこともできます。**

あなたの**売上は、「客数」×「リピート数」×「客単価」**の掛け合わせでできています。10人（客数）が、月に2回（リピート数）、1万円の商品（客単価）を買ってくださると、売上は20万円ですね。これ以外の要素はありません。

売上の方程式

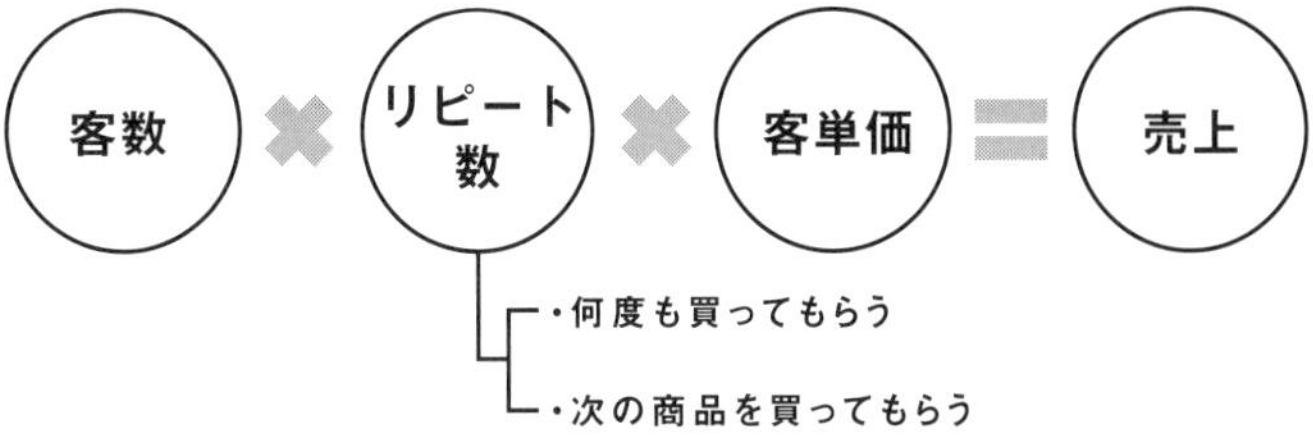


売上を上げたいとき、客数、リピート数、客単価の中で、最初に手をつけたほうがいいのは、**「リピート数を上げること」**です。なぜなら、既存客は、あなたの商品の価値や魅力を理解しているので、新規客よりも売りやすいからです。

リピート数を改善しないままに新規客を追いかけることは、お風呂の栓をしないいままに蛇口をひねるようなものです。いつまでたってもお湯はたまりません。お湯（新規客）を入れる前に栓をする（リピート数を増やす）ということをしたほうがいいでしょう。

では、リピート数を増やすにはどうすればいいでしょう。

一つは、**「何度も買ってもらう」**です。

同じ商品を何度も何度も、繰り返し買ってもらうにはどうすればいいか？　「サブスク」は、この発想から生まれたものです。

もう一つは、**「次の商品を買ってもらう」**です。

たとえば、僕は、「質問力」について述べた本を出版しています。本を読むと、「問い」について、いろいろなことを学べます。本で学んだ人の中には、「もっと知りたい！」と思う人が出てきます。その人に向けて「問い力マスター講座」という講座を開催していま す。本に書かれていることを実践的に学ぶ場です。さらにその先には、「自分も問いを使って企業を元気にする研修ができるようになりたい！」という人に向けて、「問い会議ファシリテーター養成講座」も用意しています。

これらは、「もっと学びたい」「もっと深めたい」というお客様の声に応えるために用意したものです。

あなたのお客様も、「もっと！」と思っています。その気持ちを満たす商品を用意しておきましょう。お客様と深い関係を築くことができ、リピート数を増やすことができます。

# あなたの商品の選び方

売れる可能性を高めるため、お客様と深い関係を築くために、いくつかの商品を用意することは大切ですが、そうすることの弊害もあります。

それはお客様が「どれを選べばいいか分からない」となることです。「選びきれないから、またでいいか」と機会損失になることもよくあります。

そこで、「あなたの商品の選び方」を自分の言葉で語れるようにしておきましょう。**「こんな人にはこの商品がオススメです」**というのを分かりやすく伝えてあげたいですね。

――**Q.どんなお客様が、どの商品を選ぶといいですか？**

たとえば「初心者はライトコースがオススメです」のように伝えられると、お客様は迷うことが少なくなりそうです。

僕の「上司向けの質問力」という研修プログラムでは、「部長クラス向け」「経営幹部向け」「初めて管理職になった人向け」などの対象者別コースと、「基本を学ぶコース」「実践するコース」などの内容別コースを用意しています。

企業の人事部の方には、まずは「部長クラス向け」をオススメすることにしています。なぜかと言うと、部長クラスが部下のことで悩むことが多く、研修を受けると効果が出やすいからです。

そこで評価をいただくと、経営陣や課長、主任などにも広がっていきます。

ぜひあなたも、いくつかの商品をつくって、どんな人がどの商品を選べばいいのかを語れるようにしてください。

売れる技術⑳

## いくつかの商品をつくり、「商品の選び方」を言葉にする

売れる言葉をつくる⑤

# 「選ばれる理由」は何？

お客様の中には、あなたの商品と似たような商品を比較検討する人もいます。そこで、**その「違い」を伝えることが必要です。**あなたの商品が**「選ばれる理由」**です。

**Q．お客様が「あなたの商品を選んだほうがいい理由」は何ですか？**

「私の商品のほうがいいよ」とまでは言わなくてもいいのですが、「私の商品はここが違うよ」ということは伝えたほうがいいですよね。

これを伝えておかないと、お客様は選ぶことができません。選ぶポイントが分からなければ、どうしても「安いほう」という分かりやすい基準で比較されることになり、ますます価値が伝わらなくなってしまいます。

ここで言う「選ばれる理由」とは、「こちらが優れているよ」という話ではなくて、「ここが違うよ」という話なのです。恋愛と同じで、「AさんとBさんを比べると、Aさんは破天荒なタイプで、Bさんは安定したタイプです」という話なのです。「破天荒」と「安定している」はどちらが優れているかという話ではなく、ただ違いがあるだけです。その違いを「どちらが好きか」と選んでいるだけ。良し悪しではなく、好みの話なんですね。「優れている点」をつくろうとすると一気にハードルが高くなりますが、「相違点」ということであれば見つけやすいですよね。

たとえば、僕は研修講師として「カジュアルな雰囲気」という特徴があります。一部上場企業に研修に行くこともあるのに、スーツもネクタイも革靴も腕時計も持っていないのです。


これを「きっちりしていない」と嫌がる人もいるでしょう。しかし、

「ラフな感じで来てくれるから、リラックスした気持ちで研修に臨むことができていい」

「形式ばっていなくて、フランクに柔らかい感じで、本音の話をしてくれるのがいい」

「親しみやすいから、気軽に何でも相談できる。信頼できるお兄ちゃんみたいで嬉しい」

と褒めてもらうこともあります。


これは、ただラクをしたいからラフな格好をしているわけではなく、自分らしさを引き出すためでもあるし、「質問をする」という僕の特長を最大限に発揮するためでもあるの

です。

このように、**自分らしくいることができると、それが自然と他との違いにつながり、「選ばれる理由」になっていきます。**

では、どんなことが「選ばれる理由」になるのでしょうか？

「選ばれる理由」を三つお伝えします。

### 選ばれる理由①

## 競合との違い

**お客様に選ばれる「競合との違い」、これを「特長」と言います。**

たとえば、「機能がいい」「デザインにこだわっている」「便利」「想いがある」などが当てはまります。

僕の場合は、「質問をするスタイル」というのが、他のコンサルタントや研修講師の方との大きな違いになっています。

選ばれる理由②

## 人間性

僕も、「大将に会いたいな」と思って、なじみの居酒屋さんに行くことがあります。

何を提供するかも大切ですが、それ以上に、**「誰が提供するのか」**、もっと言うと**「どんな気持ちで提供しているのか」**が選ばれる理由になります。

一人でビジネスをしている人は**「人間性」**や**「性格」**、大きな企業なら会社の**「文化」**や**「風土」**といったものが、これに当たります。

選ばれる理由③

## 想い（ビジョン）

**「どんな想いを持ってこの仕事をしているのか」**

**「この仕事を通してどんな未来をつくろうとしているのか」**

といった**「想い（ビジョン）」**が選ばれる理由になることもあります。

「想い（ビジョン）」は、売れる言葉をつくる⑧（166ページ）で一緒に考えましょう。

「競合との違い」「人間性」、つまり「自分らしさ」については、これから気づくためのポイントをお伝えします。

## 「自分らしさ」に気づく四つの視点

本書を読まれている方の中には「自分の強みや魅力って何だろう？」というところでつまずいている人も多いかと思います。僕自身そうだったので、気持ちがよく分かります。

「自分らしさ」は、自分では分かりにくいものです。なぜなら、自分自身のことだからです。鏡がないと自分の顔を見ることができないように、「自分らしさ」もそれを映し出してくれるものがないと、知ることができません。

「自分らしさ」に気づくためのポイントが四つあります。

### 自分らしさに気づく視点①――お客様の声

「自分らしさ」に気づくためのポイントの一つ目は、**「お客様の声」**です。商品やサービスの価値を感じるのはお客様だからです。

僕も講師業を始めた頃、セミナーや講座をするたびにアンケートを取らせてもらっていました。回答には、いろいろな人から何度も言われる言葉がありました。「親しみやすい」「アイデア力がすごい」「よく考えている」「視点が面白い」「分かりやすい」「楽しい」「ユーモアがある」といった言葉です。

それは、当時の僕からすると「えっ？　そうなの？」と思うことだったのです。なぜなら、僕にとっては意識せずにしている、当たり前のことだったからです。

考えてみると性格や才能は他人との比較なので、自分一人では絶対に分からないし、そもそも世の中に自分しか存在しなかったら、性格や才能という言葉すらないはずです。

たとえば「自分は明るい」と思っているAさんと、「自分は暗い」と思っているBさんを比べてみると、暗いと思っているBさんのほうが実際には明るいかもしれません。

**「自分らしさ」は他人との比較でしかないので、他人と比較ができる人（お客様）に聞いてみないと分からない**のです。

僕も、自分では「これが特長になるのかな……」と半信半疑ながらも、お客様から「いい」と言ってもらえるのなら、ちゃんと武器にしようと決めました。

そこからは、たとえば、

「親しみやすいことを武器にするには、ラフな感じで研修に行って、気軽に話しかけられるような雰囲気を出そう。自分の話をするときも、自己開示を多めにしていこう」「視点が面白いことを武器にするには、みんなが経験していないようなことをたくさんやって、それをネタにしていこう。あえて、みんなが考えないことを考える練習をしてみよう」というように、**「お客様の声」で教えてもらったことがちゃんと武器になるように磨いたり、表現したり**していったのです。

もともと、僕の中にあった資質なので、特に違和感もなく自然と武器になっていったのだと思います。逆に僕が「研修講師はきちんとしないといけない」となっていたら、今も活躍できていなかったかもしれません。

世の中にあなたと同じ人はいないので、こういう性格や才能からくるようなものは、差別化しやすいはずです。

## Q・お客様や友達から、どんな人だと思われていますか?

あなたのお客様に「たくさん同業者がいる中で、なぜ、私を選んでくださっているのですか?」、もしくは、あなたの友達などに「私ってどんな人だと思いますか?」と聞いてみてください。「自分らしさ」に気づくヒントが得られると思います。

## 時間とお金を使ってきたこと

「自分らしさ」に気づくためのポイントの二つ目は、**「時間とお金を使ってきたこと」**。要するに**「これまで経験してきたこと」**です。

**Q．あなたは、これまで、何に時間とお金を使ってきましたか？**

**Q．あなたは、これまでに、どんな経験をしてきましたか？**

経験は大きな武器となります。

たとえば、あなたが10年前からやっていることがあるとすると、僕があなたと同じだけの経験を重ねようと考えた場合、これから10年の月日がかかるわけです。そして、そのときには、あなたは20年の経験を重ねています。

僕の大切な友人にコーチングをしている人がいます。

彼女はコーチをする前はライティングの仕事をしていたため、文章を書く仕事で培ってきた武器があるんですね。それは、「相手の想いをくみ取る理解力」「話の全体を組み立てていく構成力」「自分の言いたいことをまとめられる表現力」「与えられたテーマに基づいて自分の意見を整える思考力」です。

彼女は、これらの能力を自然と活かしてコーチングをしているのです。

コーチングの仕事をしている人はたくさんいますが、ライティングの経験で培ってきた力を活かしたコーチングは彼女にしかできないものだと思います。

また、「人の話を楽しく聞ける」「いつも笑顔で受け止めてくれる」「楽しそうに話を聞いてくれる」という性格的な特長もあり、彼女にしかできない、とても価値あるコーチングを提供しています。

### 自分らしさに気づく視点③――コンプレックスや弱点

一方で、**「コンプレックス」**や**「弱点」**も武器になる可能性が高いです。

なぜなら、本人が「コンプレックス」や「弱点」に感じていることは、**「その問題にどう向き合えばいいのか」を誰よりも長く、誰よりも深刻に考えてきた**からです。

僕は、小中学校の頃は、いじめられていて友達もいなかったので、いつも一人で過ごしていました。だから、今でも人間関係をつくるのがとても苦手です。自分に自信もないので、何かあっても言いたいことを言えず、自分が我慢をすればいい……となってしまうのです。そして、嫌われるのが怖いので、つい他人の顔色をうかがって、自分の本心ではなく、相手が喜びそうなことを言うというクセがあります。

しかし、これは今の僕にとっては悪いことではないのです。

自分の気持ちをうまく言えなかったからこそ、企業で研修や会議をしていても、意見を言えない人の気持ちがよく分かりますし、ずっと弱い立場にいたので、そういう人の気持ちもよく分かります。

今、研修先の社員の方から、

「私たちの立場で考えてくれて嬉しい」

「何でも相談できる雰囲気がある」

と言ってもらえるのは、僕にこの経験があったからこそです。

また、必要以上に人の顔色をうかがうというクセがあるからこそ、僕はコンサルタントという相手の話を聞いて、引き出していくという仕事が得意なのかもしれません。

売ることが得意なのも、相手をずっと観察しているからなのでしょう。

――Ｑ．あなたには、どんなコンプレックスや弱点がありますか？

――Ｑ．そのコンプレックスや弱点があるからこそ、
　　できること、分かることは何ですか？

コンプレックスや弱点だと思っていることも、それは裏返せば、あなたの大きな強みや魅力になっていきます。

## 自分らしさに気づく視点④――納得できないこと

僕は、今の仕事をする前は、デザイン会社を経営していました。あるとき経営がうまくいかなくて、何人かのセミナー講師やコンサルタントに相談をしました。しかし、自分の中では大金を使ったつもりだったのですが、僕が望むようなものは得られなかったのです。

もちろん、受け取る側の僕の問題である部分も大きいとは思うのですが、そのときに、

「もっとこうしてくれたら嬉しかったな」

「もっとこう関わってくれたら嬉しかったな」

「こういうことを教えてくれたら良かったのにな」

と思うことがたくさんあったのです。

**「納得できないこと」**は、「自分らしさ」に気づくためのポイントになります。

僕は今、**「自分だったらこうする」**と思ったことを、自分のコンサルティングや研修の仕事で活かしていて、それが他との違いになっています。

**――Q．お客様は、あなたの競合にどんな不満がありますか？**

**――Q．お客様は、あなたの業界にどんな不満を抱いていますか？**

僕は、お客様や経営者仲間に「コンサルタントや研修講師に対する不満ってどんなことがありますか？」とよく聞いています。そこで得られる不満の声に対して、「僕だったらこうするな」ということを考えて実行しています。

## 強みは育てるもの

ここまで、「自分らしさ」に気づくためのポイントをお伝えしてきました。

ここで気づいたことを、自分の商品やビジネスに活かしていくと、それはあなただけの「選ばれる理由」になっていきます。これらは一人では気づくことができないので、ぜひ、周りの人との関係の中で、気づいていってください。

また、**「強み」は出合うものではないので、どれだけ探しても見つかりません。出合うものでも、探すものでもなく、自分で「気づき、育てていく」ものです。**

「もしかすると、これが自分の強みの種かな」と思うものに気づいたら、それを大切に育てていってくださいね。

### 売れる技術㉑

## 「選ばれる理由（特長）」を言葉にする

売れる言葉をつくる⑥

# 「ご利益」は何？

たとえば、懇親会で居酒屋に行ったとしましょう。そのお店が「当店では、お酒と料理の味をしっかりと味わっていただきたいので、一切の私語は禁止です。絶対に会話をせずにお酒と料理をお楽しみください」というお店だったらどうでしょう？　きっと、懇親会は楽しめないですよね。

なぜなら、僕たちが懇親会に望んでいることは「ワイワイとお話ができる場と時間」だからです。もちろん、お酒や料理も大切ではありますが、それ以上に「話せる」ということが大切です。僕たちは、お酒や料理を通して、「話せる」にお金を払っているわけです。

**「この商品を買うと、どんないいことがあるのか？」の答えのことを「ご利益《りやく》」と呼んでいます。**

自分の商品の価値や魅力を伝えるときには、**「特長」「効果」「ご利益」**の三つを伝えることが大切です。それを混同して考えてしまったり、「特長」にだけフォーカスして「ご利益」を伝え忘れていたりします。それでは、相手の心が動かないのです。

それぞれの言葉の説明をすると、

**「特長」とは、お客様に価値をもたらす競合との違いのこと。**

**「効果」とは、その特長がもたらす良い結果のこと。**

**「ご利益」とは、最終的に得られる価値のこと。**

たとえば、ドリルで壁に穴を開け、棚をつくるとしましょう。

「ドリル」が商品、

「キレイな穴が開く」が特長、

「穴がキレイだから棚が付けやすい」が効果、

「棚に収納できてスッキリする」がご利益です。

「ドリル」を買っているわけでも、「穴」を買っているわけでもなく、「棚ができてスッキりする」を買っているわけです。

――Q．あなたの商品の特長は、どんな良い結果（効果）をもたらしますか？

――Q．あなたの商品を買うと、最終的にどんないいこと（ご利益）がありますか？

よく栄養ドリンクなどで「◯◯成分配合」などとうたっています。しかし、「◯◯成分を摂取したいな。コンビニで買おうかな」とはなりません。

栄養ドリンクは、「昨日、夜遅くて疲れたな。でも、今日も大切な仕事があるからがんばりたいな」というときに買いたくなるものです。僕たちは「◯◯成分」ではなく、「がんばれる」にお金を払っているわけです。

「◯◯成分配合」が特長、
「疲労回復できる」が効果、
「がんばれる」がご利益となります。

**商品を通して、本当に買っているものがあるということです。**

今、この原稿を書いているのは、朝早い時間です。先ほど、コーヒーをいれました。僕は「コーヒー」を欲しているわけではなくて、「眠気をさます（効果）」→「がんばれる（ご利益）」を欲しているわけです。

伝える順番も大切です。

できれば、**「ご利益」→「効果」→「特長」→「商品名」と話していく**ほうが、より伝わりやすくなります。

僕の例で言うと、

「社員の皆さんが、個性を発揮して働くようになりますよ（ご利益）」

「なぜなら、自分で考えて仕事をするようになるからです（効果）」

「そのためには、命令ではなく、問いかけるマネジメントをすることが大切です（特長）」

「よろしければ、『上司の質問力研修』を受けてみませんか？（商品名）」

となります。

この本を例にするなら、

「口下手な人でも、自然と売れるようになりますよ（ご利益）」

「なぜなら、相手の欲しい気持ちを引き出すことができるようになるからです（効果）」

「そのためには、話すことよりも、聞くことや問いかけることが大切です（特長）」

「詳しくは、この本『売らずに売れる技術』を読んでみてくださいね（商品名）」

となります。


いかがでしょう？　この順番で話すと、理解しやすいですよね。自分の商品のご利益が知りたいときには、お客様に「この商品を買って、どんないいことがありましたか？」と聞いてみるといいですね。それを自分の言葉で表現してみてください。

売れる技術㉒

## 「ご利益」を言葉にする

売れる言葉をつくる⑦

# 納得感を高める「他者の評価」は？

僕があなたに「僕ってすごいんですよ！」とアピールしても、あなたは「本当に？」と思いますよね。それはそうだと思います。なぜなら、根拠がないし、自分のことなので、何とでも言えるからです。

では、あなたの知り合いが「河田真誠さんってすごいよ！　とってもいいよ！」と話していたら、どう思いますか？　「知り合いがそこまで褒めるなら」と気になるでしょう。

つまり、**「他者の評価」があると、納得感が高まるのです。**

他者の評価①

## お客様の声

もっとも効果的な他者の評価は、「お客様の声」です。

**実際に商品を買って、体験した人の声は説得力があります。**ホテルや飲食店を予約するときでも、日用品をネットで買うときでも、「口コミ」を見て判断している人が多いのではないでしょうか。

「お客様の声」は、自分が買うときの疑似体験になりますし、お客様の声の中には、自然と「この商品を買ってどんないいことがあったのか」というご利益の話も入ってきます。

自分の商品をPRする際にたった一つしか話ができないと言われたら、僕は迷わず、この「お客様の声」を話すでしょう。それくらい効果的です。

## Q．あなたには、どんな「お客様の声」がありますか？

「お客様の声」を集めるときのコツがあります。

よく見かけるアンケートに、「従業員の接客態度はいかがでしたか？　1・2・3・4・5」といった、満足度に応じて、5段階で○をつけるものがあります。

これは、本当に意味がないなと思います。

たとえば、いつも高級レストランでご飯を食べる人が、ファストフードみたいなお店に行けば「接客が良くない」と評価するでしょうし、逆にいつもファストフードを利用している人が高級レストランに行けば「接客がすごい！」となるでしょう。

評価基準が曖昧なのに、「5段階で評価をしろ」ということ自体に無理があります。

また、「感想を教えてください」「今日はどうでしたか？」といった問いも良くないです。なぜなら、この問いによって、満足度が一気に低くなるからです。

あなたの商品には、当然、いい面とそうではない面があるでしょう。

たとえば、商品のボリュームについて、「多いほうがいい」と思っている人と、「少ないほうがいい」と思っている人を同時に満たすことはできないように、すべてが完璧という商品は存在しないのです。どんな商品にもいい面と悪い面があり、そのどちらを見てもらうかが大切です。

先のような質問をされると、人は自然と「欠けている点（不満）」に目が行ってしまうという習性があります（ゲシュタルト心理学）。その結果、悪い面を意識して見ることになり、満足度が低くなるのです。

逆に、**「いい面」に意識が向くようなアンケートを取ると、商品やサービスの「いい面」を探そうとしてくれるので、結果としてお客様の満足度も高くなります。**

僕は**「今日は、どこが良かったですか？」**というアンケートを取るようにしています。このアンケートを取るようになってから、お客様の満足度が一気に上がりました。

「いい面」を見てもらうことは、とても大切です。

**他者の評価②**

## 実績

効果的な他者の評価の二つ目は「実績」です。これは説明をするまでもないでしょう。

**Q．あなたは、どんな実績がありますか？**

実績を伝えるときのコツがあります。それは、「話す」のコツ③（112ページ）でもお話ししたように、できるだけ**数値化すること**です。

「たくさんのお客様がいて、すごく売上が上がりました」では、まったく伝わりません。「たくさん」「すごく」では、どれくらいなのか分からないからです。

**「年間1000人のお客様がいて、売上が平均30％アップしています」**だと非常に説得力があります。

言葉のマジックもあります。

有名なものに**「タウリン1000㎎配合！」**とうたっている栄養ドリンクがありますが、

これは言い方を換えると「タウリン1g」です。「1000㎎」と表現したことがすごいですよね。

僕も、コンサルティングの仕事を始めてすぐの頃、よくキャッチコピーに**「お客様の売上を半年で4倍にしました！」**とうたっていました。こう聞くと「すごいな！」と思いますよね。でも、実際は、月5万円だった売上を20万円にしただけなのです。ウソはついていません（後でちゃんと種明かしもしましたよ）。

こういう言葉のマジックを使って、うまく表現したいですね。

また、ときどき「まだ実績がないんです」と言う方がいらっしゃいます。そういう方は、まず実績をつくることを考えましょう。たとえば、「お客様の声」を書いてもらうことを条件に、無料モニターを募るといいですね。それで、実績とお客様の声を手にすることができます。

実績をつくるときに、とても大切なことがあります。それは、がんばって**「圧倒的な実績」をつくること**です。そこそこの実績ではなく、圧倒的な実績があると、そこから先、その実績がずっとお客様を集めてくれます。

この本も「約7500本の動画の中で、年間視聴者数ベスト10に入った動画レッスン」

を書籍化したものなのですが、僕は、SNSに書いたこの一文だけで、出版社に興味を持ってもらうことができ、出版に至りました。
ぜひ、ビジネスの初めの段階にいる方は、目先の売上よりも、今後のために「圧倒的な実績」を生み出すことに注力してください。

他者の評価③
## 権威の声

効果的な他者の評価の三つ目は、「権威の声」です。
「権威の声」とは、簡単に言うと、**すごい人のオススメのこと**です。「有名人の推薦文」や、「モンドセレクション金賞受賞」「○○大賞受賞」などです。
ここでのポイントは、お客様が「すごい！」「すごそう！」と思う人（団体）の評価やオススメの声でないと意味がないということです。

――**Q．あなたは、誰にオススメしてもらいますか？**

そう聞くと、「そんな立派な人からのオススメの声なんてもらえない」と思う人もいるでしょう。しかし、その推薦してくれる人は、有名な人である必要はないのです。

たとえば、「近所で人気の洋食屋さんのシェフが通っている居酒屋」と聞くと行ってみたくなりますよね。「近所のパン屋さんが、こっそり買っているコンビニのパン」も気になります。

**「権威の声」は、「それに詳しい人がオススメするなら安心かな」というお墨付き**のようなイメージです。

ぜひ、あなたも「権威の声」を探してみてください。

売れる技術㉓

**「他者の評価」として、①お客様の声 ②実績 ③権威の声を言葉にする**

売れる言葉をつくる⑧

# どんな「想い」で売っているか？

## 「人」で選ばれる時代

あなたは、どんな人から買いたいと思いますか？

「自分の商品や仕事に愛や誇りがある人」
「一生懸命な人」
「心地良い接客をしてくれる人」
「想いを持って仕事をしている人」
「楽しそうにしている人」

こういった人があげられると思います。

僕もコンビニのレジに並ぶときに「愛想のいい店員さんに当たると嬉しいな！」と思いますし、心地良い接客をしてくれる店員さんに会いたくて居酒屋に行くこともあります。

このように「何を売っているのか」も大切ですが、それ以上に**「誰が、どんな想いで売っているのか」も大切です。**特に、これからの時代は、売上に大きな影響を与えると言われています。

世の中で売れるものは、どんどん変化していきます。

高度成長の時代は、たとえば、冷蔵庫・クーラー・車・携帯電話など、世の中になかった新しい物を生み出すことで、企業も売上を立てていたのです。これらは生活必需品となり、持っていない人はいないほどに広がっていきました。

しかし、ある程度、物が普及すると、売上は行き詰まります。「世の中にない物はない」という状態になります。

そうなると、次の発想に移っていきました。

市場を細分化し、たとえば、「一人暮らし用の冷蔵庫」「大家族用の冷蔵庫」、「速い車」「荷物をたくさん運べる車」というように、個々の市場のニーズに合った商品を揃《そろ》えることで、売上をつくっていったのです。

しかし、これももう限界を迎えていると言われています。近年では、この次を求められるようになりました。

それが「想い」なのです。つまり、**「どんな人が、どんな想いで売っているのか」で選ばれる時代**になってきています。

たとえ安くていい商品だとしても、つくっているのが公害を垂れ流しているような企業だと、お客様から選んでもらえないでしょう。昔のように情報がない時代なら「知らなかった」という話でも、今では「この商品をこの安い値段で販売するために、アフリカの子どもたちが搾取されている」といった情報をインターネットで簡単に得ることができます。

誰かの不幸のうえに成り立つ幸せなんて、欲しくないですよね。

# 「ビジョン」を言葉にする

そこであなたも、

**「なぜ、この仕事をしているのか」**

**「この仕事を通して、どんな世界をつくりたいのか」**

を伝えられるといいですね。

その**「想い」**のことを**「ビジョン」**と言います。

そして、言葉にするだけでなく、**このビジョンを達成することが自分の仕事の目的**だということを、ちゃんと理解することが大切です。ただのお飾りの言葉ではダメなのです。あなたの商品やサービス、態度や言葉などから、このビジョンが感じられないと、「いいことを言っているけど、口だけだよね……」と逆効果になってしまいます。

たとえば、僕は子どもの頃に「みんなと同じ」ができなくて、苦しんでいました。みんなが楽しいと思うことが楽しいと思えなかったのです。国語、算数、体育、美術など、人それぞれ得意や不得意があると思うのですが、僕は学校生活自体が不得意でした。だからずっと「できない子」と自覚していました。

あれから40年近くたちますが、僕は、今も同じように生きづらさを感じている子がいるのではないかと思うのです。そんな子どもたちに「僕も同じだったけど、今はそれを武器にしてちゃんと生きているよ！」と伝えてあげたいのです。その子たちの味方になりたい。

そんな想いで、全国の小学校中学校などに、無料で出張授業に行く活動をしています。交通費なども自分で負担するので、一つの学校に伺うのに数万円かかります。その費用は、企業からコンサルティングや研修などの仕事でいただく収入でまかなっています。

また、企業においても、そこにいる人が自分の個性を活かして、納得して働くことができるといいなと思うのです。働くことが「やらなくてはならないこと」ではなく、「やりたいこと」になっていくといいなと考えています。

仕事に重い責任や劣等感を覚えて、心を壊して自殺する人もいるのが現状です。そんなことにならないような会社、そして社会にしていきたいですよね。僕は、「イキイキと楽しく生きている姿を子どもたちに見せてほしい！」と願っています。これを叶《かな》えるために、企業に研修に行かせてもらっています。

僕の仕事は、すべて「みんながイキイキと個性を発揮して、自分らしく生きられる社会」につながっているのです。これを実現するために仕事をしています。

以上が僕の働く理由であり、目指している世界です。

このビジョンを僕は企業研修の商談でもお話ししますし、もう少し簡単にした文章を商品提案書などにも書いています。そうすると、「この想いに共感しました！　私もこれをしたいんです！」と僕を選んでくださることにつながっています。

## 桃太郎に学ぶビジョンの大切さ

「ビジョンを掲げること」で成功した人がいますが、誰か分かりますか？

とっても有名な日本人です。

その人は……、桃太郎さんです（笑）。

桃太郎が、鬼ヶ島に行くとき、「鬼の金銀財宝をたっぷり奪えば、俺はヒーローだな。女の子にもモテるし、いい家にも住めるし、毎日、おいしいものも食べられるようになるな。よし、鬼を倒しに行くか！」と思っていたとしたら、どうでしょう？

誰も協力も応援もしませんよね。一人で行くことになるので、もしかすると鬼退治もできなかったかもしれません。

けれど、「村が幸せになるから」という**「みんなの幸せ」を描いたことで、みんなから応援してもらえました。**

ビジネスに置き換えると、おじいさん・おばあさん・村人は、お客様です。お客様でさえ、「きび団子を持って行きな。この武器を使いな」と応援してくれます。

キジ・サル・イヌは、従業員です。彼らともビジョンでつながっているので、「桃太郎さん、きび団子一つでは、もう働けません！」とか、「桃太郎さん、17時になったのでこれで退社しますね」とかは言わないですよね（笑）。きっと、桃太郎さんと同じくらい熱い想いを持っていると思うのです。

誤解がないようにしてほしいのですが、
「ビジョンを掲げると、社員をこき使っても問題にならない」
「ビジョンに共感するなら、労働条件を無視して働くべき」
と言っているわけではありません。
**「お客様とも社員（スタッフ）ともビジョンを共有していると、より強い関係になれて、お互いに協力し、応援し合えるよ」**と言いたいのです。

あなたは、商品を提供することでそのビジョンを叶えようとしています。お客様は、あなたの商品を買うことでビジョンを目指します。社員（スタッフ）も、あなたと一緒に働くことでビジョンを目指します。

**関わるみんなが同じ未来を目指して、進む仲間になっていきます。**

逆にビジョンが共有できていないと、それぞれが「できるだけ多く得したい」となり、足を引っ張り合うことになってしまいます。

ぜひ、あなたも自分のビジョンを掲げてみてください。

――Q．あなたは、何のために仕事をしていますか？

――Q．商品を売ることで、世界にどんな幸せが生まれますか？

――Q．あなたが一生懸命に働くことで、
世の中にどんないいことがありますか？

これらの質問に答えることで、自分のビジョンを明確にし、自分の言葉で語れるようにしましょう。

そして、そのビジョンは、商談のときにお伝えするだけでなく、商品提案書や会社案内、ホームページなどにも記載しましょう。きっと、強力な求心力になるはずです。

## 自分の仕事を楽しむ

また、「想い」という面では、あなたの気持ちもとても大切です。

**「この商品が好き」**
**「この仕事が楽しい」**
**「とても幸せだ」**

そういうあなたの気持ちは、**あなたの態度や言葉の端々に表れ、仕事の質などに大きく影響し、それはお客様にも好意的に伝わっていきます。**

## ――Q．どうすれば、自分の仕事をもっと楽しめますか？

僕も、よく「ここまでやっても、誰も気づいてくれないだろうけどな……」と思いながらも、すごく細かいところにこだわって仕事をしていることがあります。これは、ある意味では自己満足です。

でも、「まぁ、こんなもんでいいか」と妥協するよりも、その自己満足を追求していこうとする姿勢のほうが、大切ではないかと思っています。

僕は、仕事柄、いろいろなテーマで講演や執筆を依頼されます。やってみないと分からないので、どんなテーマでも一度は引き受けるのですが、自分が楽しいな、幸せだな、好きだなと思えない仕事は、二度とやらないようにしています。それが、どんなに求められて、どんなに儲《もう》かる仕事でもやりません。

なぜなら、自分が幸せになるために働いているのに、幸せになれないなら意味がないからという面もあるし、自分にウソをつきたくないからです。こういう気持ちで仕事をしても、全力を尽くせないから、いい結果にならないですしね。

「いや、そんな自分の感情なんて、表に出さずにやり切るのが仕事だろ?」というご意見もあるでしょう。

その発想を否定する気もないですが、僕は、自分が幸せだと思えることをするほうが、自分にとっても、お客様にとってもいいと思っています。

売れる技術㉔

## 「想い(ビジョン)」を言葉にする

売れる言葉をつくる⑨

# 「買わないほうがいい理由」は？

みんな「買ったほうがいい理由」は伝えますよね。

でも、**「買わないほうがいい理由」も伝えたほうがいいのです。**

たとえば、

「こういう人は向いていないと思うので買わないほうがいいですよ」

「こういうことを期待している人はオススメできません」

などをちゃんと伝えましょう。

**Q．あなたの商品をオススメできないお客様は、どんな人ですか？**

**Q．どんな期待には、応えられないと思いますか？**

「買わないほうがいい理由」を伝えるメリットは大きく三つあります。

一つ目は、「買わないで」と言われると、**逆に欲しくなる**からです。

たとえば、遊園地で「クタクタになるまで遊べます！」と言われるよりも、「クタクタになるまで遊びたくない人は来ないでください！」と言われるほうが、本当にクタクタになるまで遊べそうです。

「コッテリ好きにオススメのラーメン」と言われるより、「コッテリが苦手な人は食べないでね」と言われるほうが、すごくコッテリしてそうです。

二つ目は、**信頼が上がる**からです。

僕も研修プログラムの商談の際、「変わる気がない会社、講師に丸投げの会社、自分たちで考えることをしない会社、予算を消化すればいいという会社は、僕の研修には向いてないです」と、担当者にはっきりお伝えします。

「変わる気がない会社は嫌だ」と言うと、「ここまで言うということは、この研修でしっかり変われるんだな」と理解してもらえます。「自分たちで考えることをしない会社も嫌だ」と言うと、「この研修でしっかりと考えることができるんだな」と分かってもらえます。

売れればいいということではなく、ちゃんとお客様のことを考えているという姿勢が伝わります。お客様を選ぶことで、自分の商品に対して誇りを持っていることも伝わります。

三つ目は、**クレームが少なくなる**からです。

クレームは期待を裏切られることで生まれます。はじめから、「こういう期待にはお応えすることができません」とはっきり伝えることで、勘違いをする人が少なくなり、結果としてクレームが少なくなります。

これからの時代、新規客だけで回してやっていくようなビジネスは成り立ちません。昔は、お客様同士が話せる場や機会がなかったので、極端なことを言えば、お客様満足度が低くてリピーターがいなくても、新規客を取り続けることができれば仕事が回っていました。しかし今は、すぐにネットで口コミが広まってしまいます。

お客様と、長く深くお付き合いできる関係を築いていくためにも、「買わないほうがいい理由」も開示して、ウソのないビジネスをしていくことが大切です。

売れる技術㉕

## 「買わないほうがいい理由」を言葉にする

## 売れる言葉をつくる⑩

# お金の話

**料金を伝えるときのコツがあります。それは「比較を変える」ということです。**

たとえば、僕の研修が1日で10万円だったとしましょう。「1日で10万円は高い」と思う人もいるかもしれません。そう思う人は「1日」と「10万円」を比較して、高いと判断しているのです。

そこで僕は、「この商品を買うことで、あなたにどんないいことがあると思いますか？」と問いかけています。「ご利益」の話をするのです。さらに、

「あなたが得る価値をお金に換算するといくらになると思いますか？」

「それがたった○万円で手にできるなら、安いですよね」

と話をしていくのです。

たとえば、僕の研修の料金をお話しするとき、

「研修を受けていただくと、社員の皆さんが個性を活かして楽しく働けるようになり、職場も何でも話せる雰囲気になっていきます。そうなると離職率も下がるし、業績も良くなります。今、人を1人採用しようとすると、○十万円というお金がかかると言われています。それが、たった10万円で解決できるなら安いですよね」

とお伝えするのです。

「1日」と「10万円」を比較していたのを、「得られるご利益」と「10万円」を比較してもらうことで、本当の価値を理解してもらっています。

お花を例にしましょう。「花束に3000円」だと高いなと思うかもしれません。しかし、「パートナーが喜んでくれることに3000円」なら、安いな！となりますね。

## ――Q．あなたの商品は、なぜその金額なのですか？

また、僕は、**お金の話は最後の最後にする**ことにしています。なぜなら、本当に価値が伝わっていない段階で、料金の話をすると的確な判断をしてもらえないからです。

「1万円」には高いも安いもないですよね。牛丼1杯で1万円なら高いかもしれませんが、高級フレンチのコースなら安いでしょう。だから僕は、しっかりと自分の商品の価値を理解してもらったうえで、料金をお伝えするようにしています。

もし、価値を伝えきる前に価格を聞かれても、「価値をしっかりと理解してもらわないと、高いか安いかの判断もできないと思うので、先に、どんな商品なのかというお話をしてもいいですか？」と伝えます。

それでも、**料金を先に教えてほしいという場合には、少し高めの値段を言います**。

なぜなら、「3万～5万円です」と言うと、多くの人は「3万円」だと思い込むんですね。その後、「あなたにオススメの商品だと5万円です」と言うと「高い」となります。

逆に、少し高めに言っておくと、後から「安くしてくれたんだね」となります。

少し高めに言うときには、「5万円くらいです。もしかすると、高いなと思われたかもしれません。しかし、ご購入いただいたほとんどの方は『このクオリティーで5万円は安かった』と言ってくださるんです。そのわけをお話ししますね」とお伝えしています。

**お金の話をする前に、しっかりと価値を伝えましょう。**

売れる技術㉖

## お金の話は、「ご利益」と「料金」の比較に変える

## 売れる言葉をつくる――まとめ

売れる言葉① お客様の困りごと

売れる言葉② お客様が問題を解決できない理由

売れる言葉③ 解決策

売れる言葉④ 商品の選び方

売れる言葉⑤ 選ばれる理由

売れる言葉⑥ ご利益

売れる言葉⑦ 他者の評価　①お客様の声／②実績／③権威の声

売れる言葉⑧ 想い（ビジョン）

売れる言葉⑨ 買わないほうがいい理由

売れる言葉⑩ お金の話

# 伝わる商品提案書・LP作成のコツ

ここまで考えてきた自分の商品についての「売れる言葉」を組み合わせていくと、商品提案書やLP（ランディングページ。WEB上のチラシのこと）をつくることもできます。
まだ、自分の商品の価値が分かっていないという人も、ぜひ、自分の商品提案書やLPに取り組んでみてください。その中で、自分が分かってないところが分かるので、自分の商品について、より深く理解していくきっかけになると思います。
ここでは商品提案書やLPに必要な情報と、作成のためのコツをお伝えします。

商品提案書・LP作成のコツ①

## 流れを意識する

**商品提案書やLPは、「興味付け」から「売る」までの流れがあります。**

商品提案書やLPには、ストーリー性のある流れが必要で、順番に読んでいくことで何も知らない人でも商品への理解が進み、「欲しい気持ち」が引き出されます。

その流れにはいくつかの型があり、学ぶと誰でもいいものがつくれるようになります。

この型を学ぶための一番いい方法は、あなたが「これは欲しくなっちゃう！」と思えるような商品提案書やLPを見つけて、その型をマネをすることです。

「型をマネする」とは、構成をマネすること。

全体をいくつかのブロックで分けて、そのブロックが何を伝えているのかを分析していきます。そんなに難しくはないですね。


僕がよく使っている型も紹介します。

①問題提起

■**こんなことで悩んでいませんか？**〈売れる言葉①　お客様の困りごと〉

■**さらに、自分で解決しようとすると、こんな問題がありますよね。**〈売れる言葉②　お客様が問題を解決できない理由〉

■**実は、僕も同じような悩みを抱えていたんですよ。**

②考え方

■その悩みを解決するには、こういう考え方をするといいですよ。〈売れる言葉③　解決策〉

■簡単な商品の説明

③未来の姿

■この商品を買う（使う）と、こんないいことがあるんですよ。〈売れる言葉⑥　ご利益〉

■なぜなら、この商品には（この解決策には）こんな効果があるからです。〈効果〉

④納得感

■お客様からは、こんなオススメの声をいただいています。〈売れる言葉⑦　他者の評価（お客様の声）〉

■これまでに、こんな実績があります。〈売れる言葉⑦　他者の評価（実績）〉

■◯◯さんからは、こんなオススメの声もいただいているんですよ。〈売れる言葉⑦　他者の評価（権威の声）〉

⑤共感

■こんな想いで、この商品をつくっています。〈売れる言葉⑧　想い（ビジョン）〉

⑥比較

■他の商品とは、こんな点が違うんです。〈売れる言葉⑤　選ばれる理由（特長）〉

⑦「買わない理由」への対策

■料金が高くない理由は、これです。〈売れる言葉⑩　お金の話（比較するものを変える）〉

■今すぐ買ったほうがいい理由は、これです。

⑧商品の選択

■こんな人には、この商品がオススメです。〈売れる言葉④　商品の選び方〉

■商品名やグレード、コースなどの紹介

⑨特典

■今すぐ買ってくだされば、こんな特典をご用意しています。

⑩料金詳細

■この商品は◯◯円です。

■こんないいことがあるなら、この金額は安いですよね。〈ご利益の再確認〉

⑪信頼

■でも、こんな人は買わないほうがいいですよ。〈売れる言葉⑨　買わないほうがいい理由〉

⑫アクション誘導（買う）

■今すぐに、お申し込みください。

■どの日程（コース）がいいですか？〈選択肢をつくる〉

商品提案書・LP作成のコツ②

## 相手に合わせてつくる

僕は、初対面の人や、じっくり話をしたことがない人に商品提案書をお渡しすることはありません。

よく、名刺交換をした後に「私、こんな商品を扱っているんです」と分厚い商品提案書を渡されることがあります（ひどいときには、10分くらい説明されることもある）。

このやり方で、売れると思いますか？

僕は売れないと思うのです。なぜなら、僕はまったく関心がないし、むしろ「早くこの時間が終わってほしい」と願っているので、心は100パーセント閉じています。

名刺交換が終わって、「またお会いしたいですね」のような別のアプローチがあればいいですが、僕が聞いてもないのに説明をするという「こちらに対する思いやりのなさ」が嫌です。買わないだけでなく、その人と付き合うことさえも考えてしまいます。

少しでも売れる可能性を高めるためには、**初対面で商品提案書を渡すよりも、話ができる関係を先につくる**ほうが重要です。提案ができるような人間関係もできていないのに、商品提案書をお渡ししても、なかなか見てもらえないからです。

相手がどんな人か分からずに書いた商品提案書は、どうしても表現が万人向けの曖昧なものになります。でも、先に人間関係ができて、相手のことを深く知ることができれば、より刺さる表現に書き換えてから渡すことができます。


たとえば、「①問題提起」の「こんなことで悩んでいませんか？」の部分（184ページ）など、**相手の話を先に聞くことができれば、相手がグッとくる言葉にできます。**

商品提案書の体裁も、パワーポイントでつくったような図表が多いものを好む人もいれば、A４の紙に言葉だけで端的に書いたものを喜ぶ人もいます。

僕の場合は両方つくって、「どちらがいいですか？」と聞いてから、お渡ししています。


**商品提案書は送付するのではなくて、持参して一緒に読む**ほうがいいでしょう。そこで、相手の反応を見るのですが、これには、二つのメリットがあります。

一つは「届く言葉を知ることができること」。

読んでいるときの相手の反応や、そこでの会話からも、届く言葉を見つけることができます。多くの言葉がなくても、相手に届く言葉があれば、たったひと言でも相手を動かすことができます。

**相手の反応を見ながら、どんどんブラッシュアップしていくことも大切です。**

もう一つのメリットは、「その場でフォローができること」。

どれだけ準備しても、完璧な商品提案書を用意することは難しいものです。相手が目の前にいれば「不明な点などはありませんか？」と問いかけ、フォローができます。

商品提案書・LP作成のコツ③

## 盛り込みすぎない

商機を逃したくない気持ちもよく分かるのですが、**商品提案書やLPには盛り込みすぎないほうがいいです。**

いくつもの商品が掲載されていると「どれを選べばいいんだろう？」と迷ってしまって、結局「どれも買わない」となることもよくあります。

たとえば、「上司向けのマネジメント研修」のプログラムを販売しようと考えた場合、その商品提案書に「営業力研修」や「新入社員向け研修」などを入れ込んでしまうと、「何の提案だっけ？」となってしまい、売れなくなるのです。

下手な営業マンほど、よくしゃべりますよね。それは、相手を知らないから不安なのでしょう。相手とたくさん関わって、相手の気持ちがよく分かるようになると、余計な言葉を重ねなくても、的確な言葉で相手の心をつかめるようになります。

**一つの商品提案書には、「こんな悩みがあるなら、この商品がいいですよ」という一つのメッセージだけにしましょう。**

また、ＬＰの場合、「買う」以外のリンクはつくってはいけません。

ついつい、ＬＰの途中で「詳しい自己紹介はこちら」とか、「もっとお客様の声を見たい方はこちら」とか、他へのリンクボタンをつくりがちです。こうなると、多くの人はそのボタンをクリックしたくなります（したくならないなら、それも問題ですしね）。そのまま違うページに飛んでいったきり、戻ってこない可能性が高くなるのです。

商品提案書もＬＰも、ゴールは「売れる」です。「売れる」以外のところに、話がそれていかないようにしましょう。

商品提案書・LP作成のコツ④

# タイトルと小見出しで引き付ける

商品提案書やLPを全部読むのは大変ですよね。

多くの方が、タイトルと導入部分、小見出しをサラッと見て、「ん？」と気になった部分を詳しく読んでいるようなので、目に留まる工夫が必要です。

**タイトル部分には、商品名などももちろん必要なのですが、それよりも「こういう人がこうなる」という「ご利益」が何よりも大切です。**

たとえば、「上司の質問力研修」ではなく、「指示待ち人間が劇的に減る『上司の質問力研修』」のように書くということです。

**商品提案書やLPは、ダラダラと文を書くのではなく、必要に応じて小見出しをつけましょう。**

小見出しは、目次のようなものですので、様々な本から、あなたが思わず読んでみたくなる表現をたくさんストックしておくといいですよね。

たとえば、「アポの取り方」という小見出しよりも、「心が疲れないアポ取りの秘密」と書かれるほうが気になりませんか？

お客様の反応を見ながら、より良い言葉にブラッシュアップしていきましょう。

売れる技術㉗

## 「売れる言葉」を組み合わせて、商品提案書・LPをつくる

# 第4章

# 「自然と売れる」10のステップ

ここまで「売れる準備」として、自分の商品についての「売れる言葉」を用意してきました。

いよいよこの章では、お客様との出会いからクロージング（契約）までの流れに沿って、そこで何を考え、どんな対話をするといいのか、具体的に、

**「何を聞けばいいのか」**
**「何を問いかければいいのか」**
**「何を話せばいいのか」**

をお伝えしていきます。

この10のステップは、もともとは僕が自分のコンサルティングや研修プログラムなどの商品を販売してきた中で、試行錯誤しながら整えてきたものです。

本書で紹介するにあたって、できるだけ多くの職業や商品に合うようにしたつもりですが、それでも、すべてのケースにぴったりとは当てはまらない部分もあるかもしれません。

そのときは、細かいテクニックやノウハウではなくて、大まかな発想や捉え方、価値観などを参考に、自分のケースに置き換えてみてください。

「自然と売れる」10のステップ

①出会う

↓

②がんばらないアポ取り

↓

③仲良くなる

↓

④雑談を商談に変える

↓

⑤現状を整理する

↓

⑥「興味ある？」

↓

⑦商品の紹介をする

↓

⑧「他者の評価」で納得感を高める

↓

⑨「買わない理由」を消していく

↓

⑩断られないクロージング

## 「自然と売れる」ステップ①

# 出会う

「売れる」ためには、まずお客様と出会う必要がありますね。

そのときに、たとえば、近所から順番に一軒ずつチャイムを押して「買いませんか？」と闇雲に出会おうとしても、労力を取られるばかりで現実的ではありません。

商談という土俵に上がる前に、相手を選ぶことが大切です。

### Q．どんな人と出会いたいですか？

自分が「こんな人と出会いたい」「こんな人を喜ばせたい」「こんな人は喜んでくれる」と分かっていれば、そういう人を探せばいいので、出会うことはとてもラクになります。

また、喜んでくれそうな人と商談を進めていくので、買ってもらえる確率も高くなります。

そのためには、**「自分を知る」**ということが大切です。

前章で、あなたのビジネスや商品の価値について考え、言葉をつくってきました。

あなたの商品やサービスは、誰のどんな「困った!」を解決するのか、あなたの商品が薬だとしたら、どんな症状の人に効くのかも考えましたね。

その商品やサービスを「いいな」と思ってくれる人を探せばいいのです。

**「あなたを必要としてくれる人」に出会い、対話すること**ができれば、「なんで売れないのかな?」と苦しむこともないですし、「売れないから……」と自分の価値や魅力を否定するようなこともしなくて良くなります。

ビジネスはジグソーパズルのようなものです。良い悪いもあるかもしれませんが、それ以上に、**合うか合わないかが大切です。**自分と合うピースを探すには、まずは、自分がどんなピースなのかを知っておくことが必要です。

では、見込み客（お客様になってくれそうな人）とは、どこでどう出会えばいいでしょうか。

僕は企業向けの研修をやっているので、お客様は経営者か人事部の方です。その人と出会わないと何も始まりません。

当然ながら、**すでに出会っている人の中からしかお客様は生まれないので、お客様の数を増やしたいのであれば、出会う人の数を増やすことが大切です。**

## 出会える場所に行く

出会い方としては二つあります。

**一つは「こちらから行く」方法。**

見込み客が集まっている場所に自分から出向いていけば出会えますね。

僕の場合、経営者団体や経営の勉強会、人事担当者向けのセミナーなどに行けば出会えるでしょう。若い女性向けのカウンセリングをしている友人は、近所のパン教室や、就活（転職）の説明会などでチラシを配ると効果があるそうです。

### Q．あなたが見込み客に出会える場所はどこですか？

中小企業向けのコンサルティングをしている友人が「見込み客と出会えない」と悩んでいたので、僕があるアイデアを授けました。それは「Tシャツの背中に『社長の悩み、100円で買います』とプリントしたものを着て、近所の居酒屋に飲みに行く」です。

彼は素直に実践しました。彼が、そのTシャツを着て飲みに行くたびに、「え！　買ってくれるの？　面白いねー！」となって、毎回のように見込み客と出会えるそうです。しかも、相手のほうから会社の悩みをたくさん話してくれるので、「商談しやすいです！」と喜んでいました。勇気がある方は、ぜひマネしてみてください（笑）。

## 出会いをつくる

**もう一つは「来てもらう」方法。**

見込み客が興味のあることを自ら開催して、そこに来てもらいます。僕であれば、小さなセミナーを開催したり、本を出版したり、コミュニティを運営したりすることです。

小中学校の先生向けのカウンセリングをしている友人は、毎月、先生を集めての飲み会を開催しています。その場はとても楽しいらしくて、先生のコミュニティの輪が広がっていて、今では先生同士で旅行に行ったり、講師を招いて勉強会をしたり。そのコミュニティがきっかけで、カウンセリングにも興味を持ってもらい、仕事につなげています。

また、中小企業の経営者向けの資産運用の仕事をしている友人は、「経営者が本気で遊ぶ会」を主催しています。ゴルフや釣り、バーベキュー、旅行、サウナなど、毎月テーマを決めて、「やってみたいけど、一人だと寂しいな……」と思うようなイベントを計画し、みんなで楽しんでいるそうです。その会に来てもらうことがきっかけで見込み客と出会い、資産運用の仕事につなげています。

**――Q．見込み客が興味を持っていることは、何ですか？**

**――Q．見込み客が集まってくれそうなことは、何ですか？**

あなたも見込み客が興味を持つような催しを開き、そこに来てもらいましょう。

## 「近くの人」から売っていく

最近では、ネットを使って見込み客と出会う方法もあります。ブログやメルマガを書く、SNSで発信する、電子書籍を出す、ネット広告を出すなどの方法も有効です。

ここで、僕がとても大切だなと思うポイントがあります。それは、**まず「近くの人」から売っていく**ということです。

僕も、コンサルタントとして起業してすぐの頃は、ホームページをつくって、メルマガを発行して、ブログを書いて……とやってきました。これらをすることで、文章力は身についたのですが、実際にお客様と出会うことはほとんどありませんでした。

なぜなら、僕は「相手のことを知らなかったから」なんです。

実際に目の前にいる人に自分の商品を売った経験が少なかったので、お客様の気持ち、状況、どんな問題があるのか、何を望まれているのか、どんな言葉にグッとくるのかなどを全然知らなかったのです。それなのにブログやメルマガを書いても、ひとりよがりなものにしかならないんですよね。

つまり、**ネットで「遠くの人」に売る前に、直接会える「近くの人」にリアルで売る**という経験をたくさんしておかないと、遠くの人に届けるのは難しいということです。

実際に会って話せる人を口説けないのに、遠くにいる人を口説けるとは思えないです。

たしかに、ブログやメルマガを書いていると、仕事をしている気になりますし、目の前の人に売りに行くのは勇気がいります。その気持ちもすごく分かります。

でも、「近くの人」から売っていくことをしないと、「遠くの人」には売れないのです。

売れる技術㉘

## 見込み客との出会いをつくる

「自然と売れる」ステップ②

# がんばらないアポ取り

あなたは、どうやって見込み客とのアポ取りをしていますか？

アポ取りが苦手……と悩まれている人も多いでしょう。

ここで大切なことは、**押しかけないこと**です。押しかけると嫌われます。そうなると話を聞いてもらうことも難しいでしょう。そうではなく、「どうすれば、相手に会いたいなと思ってもらえるだろう？」と考えるといいですね。**興味を持ってもらう**ということです。

相手が興味を持ってくれていると、いい関係で話せます。こちらの話を**「聞いてくださ い」ではなく、相手に「聞かせて」と言ってもらえること**が、「売れる」には必要です。

出会った人の中から、「一度、ゆっくり会って話したいね」と言ってくれる人を増やしていきましょう。

**Q．あなたは、どうやって、興味を持ってもらいますか？**

僕が実践してきた「相手に興味を持ってもらう方法」も順番にご紹介しますね。

**興味を持ってもらう方法①**

## 圧倒的な実績がある

たとえば、僕は十数年前くらいは、
「半年でお客様の売上を4倍にしました」
「1か月で口コミだけで1200人を集客しました」
「1年で社員20人全員が入れ替わっていた会社が、ここ2年間、誰も辞めていません」
という話をよくしていました。

こういう**実績があると、相手も「自分もそうなりたい」と興味を持ってもらえます。**

名刺にも「何をしているのか」という商品やサービスの紹介だけでなく、「圧倒的な実績」を書くといいですね。名刺交換をするだけで興味を持たれ、アポにつながります。

**興味を持ってもらう方法②**

## 人として面白い

これは、**「過去に面白いことをしてきた」「今、面白いことを考えている」「人と違う発**

**想をしている」**などでしょうか。

ここで言う「面白い」は、人を笑わせるような面白いではなくて、知的好奇心のほうの面白いです。

たとえば、僕が、

「これまでに何十か国も旅してきました」

「46歳から大学生をしているんです」

「質問家という仕事をしています」

という話をすると、多くの人が「面白いね！　詳しく聞かせて！」と反応してくれます。

あなたもこれまでの人生を振り返ってみましょう。きっと、興味深いことが見つかりますよ。

興味を持ってもらう方法③

## 紹介される

**大切な友人・知人から紹介をされるだけで、「どんな人だろう？」と興味を持ちますよね。**人からの紹介だと興味を持ってもらいやすいだけでなく、ある程度信頼してくださっている状態でお会いできるので、いい関係も築きやすくなります。

お客様からのご紹介は、お客様の満足度を高めることで、起きやすくなりますよ。

興味を持ってもらう方法④

## 話が合う

僕は、インドが好きで何度も行っているのですが、「インドが好きなんですよ」と話すと「僕も好きなんだよ。今度、飲みに行って話さない？」とよく誘われます。「バイクが好き」「旅が好き」「おいしいものが好き」という話でも意気投合することが多いです。

人には**「類似性の法則」**があります。**共通点があると、人は心を開いて仲良くなりやすいというものです。**それをうまく活用しましょう。

僕は、昔、名刺に好きなものを列記していました。趣味が同じ人とは、話が盛り上がりやすいですよね。

興味を持ってもらう方法⑤

## ツッコめる

たとえば、名刺交換をしたときに、僕の肩書きが「コンサルタント」だとしたら、あなたはどう反応するでしょう？　「コンサルね」で、それ以上は興味を惹かれないかもしれません。これでは何も生まれません。

僕の名刺の肩書きは、「質問家」となっています。

この名刺を見た人は、「えっ、質問家って何ですか？」と、ほぼ全員が尋ねてくれます。相手が聞きたいという状況で、僕は数分間のプレゼンタイムをもらえるわけです。この数分間のプレゼンタイムはとても貴重な時間です。

こういう状況をつくり出すには、**「○○って何ですか？」「どんな○○をしているんですか？」と聞きたくなるようなものを仕込んでおくこと**が必要です。

僕は内向的な性格で、こちらから話題をつくりにくいので、このように相手から話しかけやすくなるような仕掛けをたくさん用意しています。

名刺以外では、何か特徴的なものを身につけるのもいいですね。

ここまで読んできて、もしかすると「自分には相手に興味を持ってもらえるようなものはないな」と思っている人もいるかもしれません。でも、それは工夫次第でつくれます。ぜひ、あきらめずにチャレンジしてみてほしいのです。

あなた自身は面白くないと思っていても、周りの人からすると面白いことはたくさんあります。人と関わってみると、自分のことに気づけることもありますね。

興味を持ってもらう方法⑥

## こちらが相手に興味を持つ

最後に、「興味を持ってもらう」ことだけを考えるのではなくて、**「こちらから相手に興味を持つ」**ということも大切です。

人は、興味を持ってくれた人を粗末には扱いにくいものです。こちらが興味を持つことが、相手に興味を持ってもらうことにつながります。

僕もコンサルタントを始めた頃は、「その業界のことをあまり知らないので教えてください！」とか、「あなたのお仕事に興味があるので、ゆっくり話を聞かせてもらえませんか？」と話しかけて、一緒に飲みに行ったり、会社に伺ったりして、ゆっくりお話をする時間をつくってもらっていました（本当に興味があったので）。

売れる技術㉙

**押しかけるのではなく、相手に興味を持ってもらう**

## 「自然と売れる」ステップ③

# 仲良くなる

相手が興味を持ってくれたら、次は、ゆっくりと話せる時間をつくりましょう。商談をする時間ではなくて、あくまでも**相手と「仲良くなる」**ための時間です。

**Q．あなたは、どうやって仲良くなりますか？**

たとえば、僕がよく行っている洋服屋さんは、初めはたまたま通りかかって入ったのですが、感じのいいお兄さんが、

「お客さんのバッグ、かわいいですね。どこで買ったんですか？」

と話しかけてくれたのです。それがきっかけで、いろいろな洋服の話につながり、今の僕には新しいシャツが必要だとなり、買うことになったのです。

よく行っている花屋さんもそうです。花を見るのが好きで、駅で待ち合わせをするときは花屋さんの前にしてもらって、そのたびに花をじっくりと見ていたら、

「お花、お好きなんですか？」

と声をかけられ、そのときの会話の流れで、大きな観葉植物を買いました。

洋服屋さんも花屋さんも、このときに「何かお探しですか？」と声をかけられていたら、「いいえ」と答えて終わっていたでしょう。売ろうとするのではなくて、人として仲良くなろうとしてくれたから、僕は心を開いたのかもしれません。

前述のように、**相手と自分の共通点を探して、それを話題にすると、仲良くなりやすいもの**です。

出身地が同じだとか、学生の頃に同じスポーツをしていたとか、同じプロスポーツのチームやアーティストのファンだとか、それだけで急に仲間意識が生まれたりします。

僕は、海外の旅の話、その土地のおいしいものの話、バイクや仏教の話で盛り上がって、仲良くなることが多いです。

ここでのポイントは、商談を焦らないことです。もちろん、相手が「あなたの仕事に興味がある」と言ってくれて、そういう会話の流れになるのであれば、商談に入ればいいと思います。しかし、焦らないことです。

まずは相手の話をたくさん聞いて、仲良くなることが大切です。

## たくさん対話するだけで信頼関係は築ける

**たくさんの話をする中で、あなたと相手との間には、自然と信頼関係がつくられていきます。**出会ってから商談まで一気に持っていこうとするのではなくて、丁寧に人間関係を築いていくことを意識しましょう。

あなたと話す時間が楽しいとなれば、また自然と次の機会もやってきます。

あなたも経験があると思いますが、「出会うタイミング」と「欲しくなるタイミング」は同じではないときのほうが多いものです。

僕も、5年来の知り合いに、最近、初めて仕事を依頼しました。それは、彼女が売ろうとしすぎず、僕との人間関係を丁寧に育んでくれたからだと感謝しています。

逆に焦って商談をして、縁が切れてしまうほうがもったいないですよね。

この話をすると、「自分の仕事と関係ない話になりそうですが、どうすればいいですか?」と聞かれることがあります。

しかし、実際にはそうはならないものです。洋服屋さんでバッグの話をすれば、自然とファッションの話になりますし、花屋さんで話せば花の話になります。

しかも、相手が自分に興味を持ってくれていれば、当然、仕事の話題にもなるので、「自分がしたい話とズレてしまう……」ということは、実際には起こりにくいのです。

それに、あなたの商品を売るうえでは、相手の話はどんな話でも無駄になることはありません。一見すると関係ないような話の中に、商談の糸口が隠れていたりするものです。

まずは、たくさん話を聞いて、じっくりと人間関係を築きましょう。

売れる技術㉚

## 商談を焦らず、仲良くなる

「自然と売れる」ステップ④

# 雑談を商談に変える

話せる関係になったら、タイミングをみて、商談（あなたの仕事につながる話）もしていきましょう。

ただ、このときも「よし売るぞ！」という気持ちにならないほうがいいです。ここまでお話ししているように、まずは「相手を知る」ことが大切です。

## 「悩み」や「問題」を話題にする

まず、相手から聞き出したいのは、**「今、どんな悩みや問題があるのか？」**です。

僕はこれを聞き出すために、**「今、悩みなんてなさそうですね？」**と問いかけることがあります。こう問いかけると、多くの人が「いやいや、悩みばかりだよ」と答えてくれるんですね。そこで、「そうなんですね。具体的にどんな悩みがあるんですか？」と問いかけると、相手は自分の悩みを語ってくれます。

**相手は、問いかけられて語ることで、自分に「悩み（問題）」があることに気づいていくのです。**

先日、ある社長と雑談をしていたときのことです。

「○○さんは、最近、仕事がうまくいっていそうですよね。悩みなんてないでしょう？」

と問いかけると、

「いやいや、売上はいいんだけど、社員がね……。みんな業務に追われていて、疲れている感じがするし、未来のことを考える時間もないし、人間関係も少しギクシャクしている感じがあるんだよね。でも、売上がいいから、つい後回しになっちゃって……。今はいいけど、数年後が少し心配だな」

と答えてくれました。

これで、彼は自分の中に「悩み（問題）」があったことに気づいたのです。

他にも、

**「最近、僕の周りで○○で悩まれている人が多いのですが、○○さんはどうですか？」**

と問いかけることもあります。

こう問いかけると、

「たしかにそうだね。私も同じような悩みがあるな」

と自分の中に悩みがあることに気づいてくれます。その後、

「それはどんな悩みなんですか？」

と問いかけると、具体的に話してくれます。

悩みではなくて「願望（夢）」の場合もあります。**悩みと願望は、実はほぼ同じものです。**それを、「悩み」と捉えるか、「願望」と捉えるかは、相手次第です。

たとえば、「やせたい」「モテたい」「いい仕事がしたい」「もっと収入を増やしたい」「遊びたい」など、これは悩みや問題でもあるし、願望や夢でもあると言えますよね。

もし、**「何か悩みがありますか？」**と問いかけて「特にない」という反応のときは、**「何か叶《かな》えたいことはありますか？」**と問いかけると、答えが返ってくることがあります。

## 「理想の姿」を話題にする

悩み（問題）を相手から聞き出したら、次は「理想の姿」を話題にします。

先ほど紹介した「売上は上がっているけど、社員の人間関係に悩んでいる」と教えてくれた社長に、僕は、

「そうなんですね。どうなったら最高ですか？」

とさらに問いかけました。するとしばらく考え込んで、

「強制的にでも時間を取って、みんなが思っていることや、感じていることを話し合う時間があるといいな」

と話してくれました。

以前、洋服屋さんに行ったときのことです。店員さんが、

「服を買って、どんな感じになったら嬉しいですか？」

と聞いてくださったんですね。そこで僕は、

「講師をしているので、お客様からは、発想が自由で、アイデアがたくさんあって、信頼できる人と思われたいんです。なので、服でそんな印象を与えられたら嬉しいです」

と答えました。店員さんは「こうなりたい」という僕の目指す「理想の姿」を引き出してくれたんです。その後、一緒にそのイメージになるような服を選ぶことになりました。

**「どうなったら最高ですか？」**というのは言い換えると、「何のために？」です。

花屋さんで「なぜ、花を買おうと思ったんですか？」と聞かれて「元気が出るように」と答えた話をしましたが、それも同じです。「理想の姿」を引き出してくれています。

このように、

**「自分にどんな悩みや問題があるのか」**
**「どうなりたいと思っているのか（理想の姿）」**

**を相手に問いかけ、自分の言葉で語ってもらうことで、現状が整理されて、解決したいという気持ちを引き出すことができます。**

社員が100名くらいの会社の社長と出会い、飲みに行ったときのことです。

「最近、これまでと同じやり方をしていたのでは売上が上がらないと悩んでいる経営者が多いみたいですね。○○さんのところはどうですか？」

と問いかけると、社長は、

「たしかに！　うちも、営業も人材採用も、少し前はうまくいっていたんだけど、最近、反応が悪いんだよね。なんでなんだろうね？　（悩みに気づく）」

と答えてくれました。そこで、僕が、

「それって、どうなったらいいんでしょう？」

と問いかけると、社長は、

「今の時代に合ったやり方が必要なんだろうね。私は古い人間だから、若い社員が中心になって、会社を盛り上げてくれるといいのにな（理想の姿に気づく）」

と答えてくれました。

この会話の中で、この社長は、「我が社のこれまでのやり方は通用しないという悩みがあること」と「それを若い社員が中心になって解決してほしいと思っていること（理想の姿）」に気づいたんですね。

この話をお聞きした後日、僕が、

「先日の社長の悩みなんですが、僕、解決できると思うんです。興味あります？」

と話したところから、この会社にも研修に行くことになったのです。居酒屋での何気ない会話が商談になっていくのです。

## 雑談を商談にする

数年前、出張先でタクシーに乗ったときのことです。運転手さんに地元のおいしい料理を聞いたりして、会話が盛り上がりました。

そうしていると、運転手さんに「何のお仕事をされているんですか?」と聞かれたので、「僕はコンサルなんです。最近、企業でベテラン層と若手層の価値観が合わなくて、ベテランの人が若い人に言いたいことも言えない……みたいなことがあるんですよ。そんなことを解決するような仕事なんです。運転手さんも、若い人とどう付き合えばいいんだろうと悩むことがありますか?」

そう問いかけてみたんですね。

すると、そこからずっと、若手社員の不満を話してくれました(笑)。

そのときは時間もなくて、この話だけで終わったのですが、僕はこの運転手さんとまたお会いしたいなと思ったので、

「今日の夕方、また駅までタクシーで行きたいので、17時くらいに来てくれませんか？」とお願いしたんです。そして、帰り道の途中でも、いろいろな話をお聞きして、すっかり打ち解けたんですね（ここのコツは「聞く」と「問う」）。

最後に僕が、「今日、泊まりなので、この後、一緒に飲みに行きましょうよ！」と、お誘いしたことで、そのまま一緒に飲みに行くことになったのです。

そうしたら、なんと、その飲みの席に、「面白い仕事をしている人がいるって話したら、会いたいって言うから……」と、自分の会社の社長を連れてきてくださったんです。

そのご縁で、今もその会社に毎月、研修に伺っています。

僕が、歯科医院、美容院、居酒屋チェーン、整体院などにコンサルティングや研修にお伺いしているのも、雑談の中で、相手の悩みや問題などを引き出しているからなのです。

みんな、僕に**問いかけられることで、自分の悩みや問題を自分で話してくれます。**

そこで僕から「その問題を解決するのが、僕の仕事なんですよ」と言われると「お！ちょうどいいところに、ちょうどいい人がいた」となり、自然と商談になっていくのです。

## 話題を絞っていく

「雑談をすればいい」と言っても、この雑談が「売れる」につながっていかないと意味がないものになってしまいます。

たとえば僕の場合、「売上が上がらない」「上司と部下の関係が良くない」「会議が盛り上がらない」などは、得意なテーマです。しかし、お金、法律、契約、マナー、マニュアル作成、労務管理などのテーマは苦手なので、話せなくなってしまいます。

そこで僕は、相手との話題を、自分が得意な分野にもっていくようにしています。

方法は簡単で、問題を聞き出すときに**「他にありますか?」と話題を広げて、自分が得意なテーマになるまで、答えを引き出していく**のです。

ここまでの話題の下地もあるので、1、2回「他にありますか?」と問いかけると、自分のテーマに沿った問題を聞き出すことができます。そうなったら、その話題を取り上げて、次のステップ⑤に移っていくと自然に話題を絞っていけますね。

また、前述したように**「最近、僕の周りで◯◯で悩んでいる人が多いのですが、あなた**

**はどうですか？」**といった問いかけをすれば、その話題にしかならないので、簡単に自分の望むテーマの話ができます。

もし、この段階で、自分が得意なテーマ（問題）が出てこないときには、目の前にいる人は、今はまだお客様になるタイミングではないのかもしれません。その場合は無理して売ろうとしても売れませんし、相手が話したいことを聞く時間にするといいですね。

## 「答えたくない……」への対応

問いかけをしても「悩んでいることも、叶えたいと思っていることもない」と言われることがあるかもしれません。それは、「本当に悩んでいることや叶えたいことがない」のではないのです。本当はあるのです。では、なぜ、「ない」と答えるのか。

それは、まだ、あなたとの信頼関係ができていないからではないかと思います。

たしかに、質問されると考えないといけないから面倒くさい、そして自分に関する情報を話すのは嫌だなという気持ちも分かりますよね。

そこで大切なことは、**「質問されるのは楽しい！」「あなたと話すと楽しい！」と思ってもらう**ことです。

そのためには、前述したように、まずはどんな話も「いいね！」と聞くことが大切になります。「いいね！」と聞いてもらえると人は嬉しくなるので、相手も「もっとあなたに話したい！」という気持ちが大きくなります。

また、悩みを打ち明けるのにふさわしい人だと思ってもらうことも大切です。「答えたくない」となる原因は、「あなたに話しても意味がない」と思われているからです。そうならないためには、**どんな仕事をしているのかを自己紹介でお伝えしておくと、「この人は悩みを解決してくれるかも」という期待から話してもらえる**ようになります。

こちらが先に心を開くこともポイントです。**心を開いた分だけ、相手も心を開いてくれます。**こちらが先に心を開かないと、相手は心を開いてくれません。

売れる技術㉛

## 雑談で「悩み（問題）」と「どうなったら嬉しいのか（理想の姿）」を引き出す

## 「自然と売れる」ステップ⑤
# 現状を整理する

問いかけをして、相手から「悩み（問題）」と「それがどうなったら嬉しいのか（理想の姿）」を引き出すことができたら、次のステップです。

ここまでで相手は、自分の中に悩み（問題）があること、それを解決したいことに気づいています。次は**相手の現状を整理していきましょう。**

ここでのゴールは、「自分で解決するのは難しいかもしれないと感じてもらうこと」と、「あなたの提案する解決策が知りたい！　となること」です。

## 「問題解決のために行動したことは？」

まずは、ステップ④で引き出した問題を解決するため、何か行動したかを確認しましょう。問いは**「その問題が理想の姿になるために、何か具体的に行動しましたか？」**です。

先ほどの「売上は上がっているけど、社員と話せていない（悩み）。みんなが言いたいことを言える時間があるといい（理想の姿）」と話してくれた社長には、「みんなが言いたいことを言える時間をつくるために、何かしていますか？」と問いかけました。

ここで、「まだ、行動していない」という答えが返ってきたときには、**「どういう行動をすれば、解決できると思いますか？」**と解決策を問いかけてみるといいでしょう。

「行動しているよ」という答えが返ってきたときには、**「つまずいていることは、どんなことですか？」**と問うことで、現状を整理してもらいましょう。

どちらの場合も、**現状を認識してもらい、「どうすれば、解決できるんだろう？」という意識を持ってもらうことが大切です。**

## 「あるある」を話す

このとき、売れる言葉をつくる②（128ページ）で紹介した「お客様が問題を解決できない理由」を話題にするのもいいですね。

**「この問題を抱えた人はこうやって解決しようとするけれど、それだとうまくいかないんですよね」**

ということをお話しすると、解決しようと行動している人は、

「そうそう！　よく分かってるね！」

となりますし、まだ解決に向けた行動をしていない人は、

「そうなんだ！　やろうとしていたけどそれはダメなんだね。教えてくれてありがとう」

となります。

僕は、最近、おなかが出てきたので「ジョギングでもしようかな」と思って、トレーナーの仕事をしている友人に相談してみました。そうすると、

「この状態でジョギングを始めると、すぐにヒザを痛めて続かなくなるよ」

と教えてくれたのです。そうなると、僕は自然と、

「じゃあ、どうすればいいの？」

「提案が聞きたい！」

となりました。

僕も、先ほどの「社員が話し合える時間をつくりたい」と話されていた社長に、

「何かやっていますか？」

とお聞きしたところ、

「まだ、何もしてない」ということだったので、

「僕の知り合いの社長も、最近同じように、社員が自由に話し合える場をつくりたいって取り組まれているんですよ。でも、実際に会議の時間をつくっても、みんな遠慮して誰も話さずに終わってしまうそうなんです。逆に、もっと遠慮なく話せるようにって、居酒屋などで懇親会を開いた会社もあるんですけど、そうなると、若手が飲み会は嫌だって言い出したり、飲みの席で難しいこと言うなよ……みたいな雰囲気になったりして、結局、『ただ楽しかったね！』で終わることが多いそうなんですよね」

と話しました。そうすると、

「たしかにそうなりそうだね！　どうしたらいいの？」

と聞いてくださったんですね。


そこで、次のステップに続いていきます。

ステップ⑤までのコツは、**「聞く」と「問う」をして、相手にたくさん話してもらうこと**です。

ここまでで、どれだけ相手の本音をじっくり聞き出せたかで、この後で売れるかどうかがほぼ決まってきます。

イメージ的には、相手と話す時間が**もし1時間あるなら、ここまでのステップで50分くらいかけてもいいくらい**です。

**売れる技術㉜**

## 相手の現状を整理し、解決策を知りたい気持ちを大きくする

## 「自然と売れる」ステップ⑥
# 「興味ある？」

ここまでで、相手は「自分にはこんな悩み（願望）がある。それが解決するとこんないいことがある（理想の姿）。ぜひ解決策を知りたい！」という状況になっています。

ここからは、相手が気づいた相手自身の問題を、こちらの商品で解決できるということを伝えていきましょう。

### こちらの話に興味があるかを確認する

大切なポイントは、「話す」のコツ①（108ページ）でもお話ししたように**「こちらの話を聞きたいですか？」と、話す前に許可を取ることです。**これをするのとしないのとでは、相手の聞く姿勢が大きく変わってきます。

ステップ①〜⑩の中でも、特に大切なのがこのステップ⑥です。

具体的には、このように話します。

**「ここまでたくさん悩みを話してくれて、ありがとうございます。私の仕事は、その悩みを解決することです（力になれそうです）。これまでたくさんの方の問題を解決してきました。その話に興味はありますか？」**

というニュアンスのことを問いかけてください。

これで、あなたが解決できることと、これまでに実績があることをお伝えできるので、さらに興味を持ってもらえますね。

たとえば、花屋さんであれば、

「部屋が寂しい（悩み）」

「観葉植物を置くと癒やされるかも（理想の姿）」

「でも、どんな観葉植物がいいんだろう？　と迷っている（解決策を知りたい）」

ここまでが、ステップ⑤までの状態です。

ここで、店員さんが、

「私、部屋に合った観葉植物を探すのが得意なんです。お客様のお部屋にどんな観葉植物がいいのかお伝えできると思うのですが、興味ありますか？　（提案していいですか？）」

と問いかけるのが、ここのステップ⑥です。

ここでのもっとも大切なひと言は**「興味ありますか？」**です。

## 相手の聞く態勢をつくる

こう書くと、「いやいや『興味ある？』とか『知りたい？』とか言うとウザがられるのでは……」と思う人もいるかもしれません。

しかし、この「興味ある？」というステップが本当に大切なのです。

このステップを踏むことで、**相手が「聞きます」という態勢になり、これからの時間、二人で何をするのかが明確になる**のです。

逆に「提案してもいい？」と許可を取らずに、いきなり商品説明に入ってしまうと、

「いや、自分で決めたかったのに」

「いや、ただ見ていただけなのに」

「いや、迷っているだけで説明を聞きたいわけじゃない」

というようなネガティブな反応になっていくのです。

ここからの話をスムーズに進めていくために、とても大切なステップなので、省略しな

いでくださいね。

心理的なことですが、**「興味がある」と自分で言うことで、興味が湧いてくる**ということもあります。「おいしい、おいしい」と言いながらご飯を食べると、本当においしく感じるのと同じで、「興味がある」と言って聞くことで、相手は自ら興味を探そうとして、一生懸命に話を聞いてくれるようになります。

もし、この段階で「興味ない」と言われてしまったら、売るのは難しいです。おそらく、「人として合わない」と感じられていると思うので、深追いしないほうがいいでしょう。

そこでゴリ押しして商品説明をしたとしても、いい関係を築くのは難しいからです。

売れる技術㉝

## 「興味ある？」のひと言で、話をする許可をもらう

「自然と売れる」ステップ⑦

# 商品の紹介をする

「興味がある」と言ってもらえたら、ここからはこちらが話す番です。と言っても、いきなり商品の話をしてはいけません。

**相手の心に届けるには、「話す順番」が大切です。**

**一方的に話すのではなく、相手の反応をうかがいながら、自分の言葉で丁寧に話しましょう。**

商品紹介①

## 「Aじゃない、Bなんだよ」

まず伝えたほうがいいことは、相手が**「勘違いしていること」**です。

**「あなたはAだと思っているでしょうけど、そうではなく、本当はBが大切なんです」**

という話をしてほしいのです。

商品紹介の話す順番

**①Aじゃない、Bなんだよ**

↓

**②解決策**

↓

**③ご利益**

↓

**④自分の想い（ビジョン）**

↓

**⑤商品の概要**

例①「やせたいと思ったとき、すぐにジョギングすればいいと思っているでしょう？（A）
だから、多くの人がヒザを壊すんです。
大切なのは、まず歩くことなんです（B）」

例②「観葉植物を買うときに、多くの人が見た目と値段で選んでしまうんです。（A）
だから、枯らしてしまうんですね。
大切なことは、あなたの生活スタイルに合っていることなんです（B）」

例③「社員が話し合う場をつくりたいとなると、多くの社長が『会議をしよう！』『飲み会をしよう！』とやりがちです。（A）
でも、それだと誰も本音で話さないんです。
大切なことは、話したいと感じられる空気感をつくることなんです（B）」

ここでは、

**「その問題を解決しようとする人がやりがちなこと（A）」**

**「それだとこんなふうに失敗する」**

**「だから、こうしたほうがいいというあなたの提案（B）」**

を話してください。

商品紹介②
## 解決策

次に、あなたの**「解決策」**を話してください。

例①「いきなりジョギングするとヒザを壊すので、初心者の人は段階を追って、運動できる身体をつくっていくことが大切なんですよ！」
例②「多くの人が観葉植物を枯らしてしまうので、お客様の生活スタイルを教えていただければ、ぴったりの観葉植物をご案内しますね」
例③「社員が自分から話したい気持ちになるように、質問に答えるだけで、意見が飛び交う会議のやり方を開発したんです」

ここで話すことは、売れる言葉をつくる③（131ページ）で紹介した「解決策」に当たる部分です。**商品の詳細ではなく、解決するための考え方を伝えましょう。**

商品紹介③

## ご利益

次に、あなたの商品の**「ご利益」**を伝えましょう。

**ご利益とは、「あなたの商品を買うと、どんないいことがあるのか」です。**

例①「この商品だと、初心者でもヒザを壊すことなく、自然と運動する習慣が身について、無理なくやせますよ」

例②「観葉植物を枯らしていた人にも、生活スタイルに合ったものをご提案するので、無理をしなくても、枯らすこともなく長く楽しめますよ」

例③「会議でアイデアが飛び交ったり、言いたいことを言えたりする場がつくれて、社員全員で会社を改善していけますよ」

相手の悩みが、あなたの商品で解決したらどんな姿や状態になるのかを伝えることで、相手は「いいな！　私もそうなりたい」という気持ちが自然と起こっていきます。

**商品紹介④**

## 自分の想い（ビジョン）

次に、**「なぜ、この商品をつくったのか」「どこが気に入っているのか」「どう楽しんでいるのか。どう嬉しいのか」**など、自分の**「想い」**（166ページ参照）を話しましょう。

例①「僕も一緒に運動を楽しめる仲間が増えて、嬉しいんです！」
例②「植物がある生活が本当に好きなので、同じように感じてくださる人が増えて嬉しいです。植物が部屋にあるだけで癒やされたり、ホッとできたりすると思うんです」
例③「一人一人が、自分らしさを大切に心地良く働けるような会社をつくりたいんです」

ここで**自分の想いを伝えることで、あなたが本気であることや、目指しているビジョンがあること、一生懸命な姿などが伝わり、共感を生んでいく**ことになります。
「本当にパンが大好きな人がやるパン屋さん」「働く人の幸せを心から願うコンサルタン

トや研修講師」というだけで「ちょっといいな」となりますよね。

商品紹介⑤

## 商品の概要

次に、あなたの**「商品の概要」**をお伝えしましょう。

ただし、まだ金額は言わないでください。前述したように、金額を伝えるのは最後です。

例①「運動してない40代のための気軽にできる運動プログラムがありますので、それがオススメです。全体的にはこんな内容なのですが、体験してもらうほうが分かりやすいので、まずは1回目を無料で受けてみてください」

例②「今、どんなお部屋なのか、どんな生活スタイルなのかを教えていただければ、オススメの観葉植物をいくつかご紹介しますね」

例③「アイデアが飛び交う会議のコツをお伝えしています。ざっくりとこんな内容なのですが、会社ごとに内容を調整して行っています。今日、お伺いした内容をもとに商品提案書をご用意しますので、改めてご提案する時間をください」

この段階では、まだまだ、相手の「欲しい」という気持ちは固まっていないと思うので、くどくどと長い説明をするのは避けたほうがいいでしょう。

商品の概要だけをさらりとお伝えして、ステップ⑧～⑨に進み、「欲しい」を大きく育てたうえで、ステップ⑩で詳しい話とクロージングをするのがオススメです。

また、研修プログラムやコンサルティングなどのように、打ち合わせや長い説明が必要なもの、相手によってカスタマイズするものなどは、日を改めて話すのもいいでしょう。

体験してもらうほうが価値が伝わりやすいものは、いきなり商品を売るのではなく、無料体験会などの「お試し」を提案するのがスムーズです（詳しくはステップ⑩）。

売れる技術㉞

**商品紹介は、**
**①勘違い ②解決策 ③ご利益**
**④自分の想い（ビジョン） ⑤商品の概要**
**の順番で話す**

「自然と売れる」ステップ⑧

# 「他者の評価」で納得感を高める

次に、あなたの提案の**「納得感」**を高める話をしましょう。

具体的には、売れる言葉をつくる⑦（159ページ）で紹介した**「他者の評価」（お客様の声、実績、権威の声）**をお伝えしていくといいですね。できるだけ**客観的に、数字で語ると効果的**です。

例①「昨年1年間で、○人の方がこのプログラムを受けてくださって、平均で○キロもやせたんですよ！　中には、○キロのダイエットに成功した人もいます！」

例②「生活スタイルに合った観葉植物選びが人気で、専門誌に記事が載ったんです！」

例③「昨年は○社にこの研修プログラムを提供し、離職率が平均○％も改善したんです。中には、会議がより良くなったことで売上が○％も改善した企業もあるんです！」

ポイントは、相手に合わせた話をすることです。初めに雑談などをする中で、僕は、その人の持ち物（車、腕時計、バッグ、携帯など）の話題を振ることがあります。

たとえば「そのバッグ、素敵ですね！」と話題を振って、「どこが気に入ったんですか？」と**「買うと決めた理由」**を聞き出しているのです。

すると、「いいデザインだったから」「品質が良かったから」「安かったから」「お得感があったから」などと答えてくれます。それは、その人が「買うか、買わないかを決めるときの基準」になっていることが多いです。

**選択の基準が分かれば、その話をすればいい**ですよね。品質が大切だと思う人には「本当にいいものだ！」というお客様の声を紹介するといいですし、安さが大切な人には「他に比べてこんなにお得です！」という話が必要です。

相手に合わせた話ができると、より相手にグッとくる会話になっていきますね。

売れる技術㉟

## お客様の声、実績、権威の声などを、客観的に数字で語る

「自然と売れる」ステップ⑨

# 「買わない理由」を消していく

ここまでくると、相手はかなり「欲しい気持ち」が大きくなっていると思います。最後のひと押しとして、「買う」までの最後の壁を取り除いていきましょう。

まずは、次の質問の答えを考えてみてください。

**Q．ここまで話をしてきたのに、お客様が買わないとしたら、その理由は何だと思いますか？**

この問いの答えをしっかりと考えて、「そうならないためには、どうすればいいだろう？」と先回りしておくことです。**「買わない理由」をつぶしていけば、売れます。**

ここでは、よくある「買わない理由とその対策」を三つお伝えします。

買わない理由①

# 高い

まず、もっともよくある買わない理由が「高い」です。高いか安いかの感覚は、自分が得られるであろう価値と比較して感じているものです。「高い」と感じるということは、「ちゃんと価値が伝わっていない」ということになります。しっかり価値を伝えましょう。

売れる言葉をつくる⑩（179ページ）で述べたように、お金の話をするときは「比較するものを変える」のがコツです。

たとえば、2時間の講座が10万円だとしましょう。これだけを見ると「たった2時間で10万円は高い！」と思うかもしれません。それは時間と料金を比較しているからです。

そこで「この講座であなたに◯◯の変化が起こると思います。それをお金に換算するといくらの価値になると思いますか？」と問いかけると、「10万円は安い！」となります。

**「時間と料金」ではなく、「得られる価値と料金」を比較してもらうように促すのです。**

あなたも、「あなたが提供する価値と料金」とを比べてもらえるように話をしましょう。

買わない理由②

# 今じゃない

よくある買わない理由の二つ目は、「今じゃない」です。「欲しいなとは思うのだけど……」という状態ですね。これも、**ちゃんと「今、買ったほうがいい理由」をつくり、それを伝えましょう。**

人は、決断することを怖がります。なぜかというと、決断をすると何かが変わるからなのです。人には、基本的に変化をしたくないという習性があります。人の体の中で脳が一番エネルギーを使うので、人はできるだけ脳を使わないでおこうとします。その結果、できるだけ昨日と同じような行動を取ろうとするのです。

この「考えるのが面倒くさい」という気持ちも、「今じゃなくてもいいか」につながりますので、面倒くさい気持ちを乗り越えてもらうための提案やサポートをしましょう。

僕の場合は、「今、買ったほうがいい理由」として、次のようなお話をしています。

「僕の商品を買ってくれることで、あなたは豊かになると思います。ここまでの話を聞いて、あなたもそう思いますよね？　そうであれば、早いほうがいいです。早く決断するほうが早く結果を手にすることができますし、問題は放置しておくとどんどん大きくなってしまい、解決のハードルが高くなりますよ」

他にも**「数量や期間が限定である」「次、いつ買えるか分からない」**などや**「今買ったほうがお得な理由」**もお伝えしたいですね。

たとえば、**「何かの特典がついてくる」「割引がある」**などです。

心理学的に言うと、人は「得をしたい」という気持ちも大きいのですが、「損をしたくない」という気持ちのほうが、より大きく働くそうです。

つまり、「今、お申し込みいただくと、こんないいことがある」という「得するよ」というような伝え方もいいのですが、**「この期間にお申し込みいただかないと、この特典が受け取れない」**とお伝えして、**「損をしないようにしてくださいね」**という表現をするほうが、相手の行動を促すことになります。

**買わない理由③**

## あなたじゃない

よくある買わない理由の三つ目は、「あなたじゃない」です。商品もいい。値段もいい。

今欲しい。でも、あなたからは買いたくない……。

ちょっとショックですね。僕だったら、数日は凹《へこ》みそうです（笑）。

これはどうするといいでしょうか。

僕なら、このお客様はきっぱりとあきらめます。なぜなら、ここで相手の機嫌をうかがって無理して売っても、その後の関係がぎくしゃくしそうだからです。

もちろん、関係が良くなっていくこともあるかもしれませんが、恋愛と違って、お客様は他にもいらっしゃるので、**わざわざ嫌われている人の機嫌をうかがわなくても、あなたのことを好きでいてくれる人との関係を強化していくほうがいい**でしょう。

とはいえ、自分を振り返ってみるということは大切です。今後また「あなたじゃない」と思う人が出てくるかもしれません。自分の何かが「あなたじゃない」という気持ちをつくり出していることは間違いないので、その原因を探り、必要であれば改善したほうがいいかもしれませんね。

コーチの仕事をしている友人の例ですが、彼はいいところまで契約の話が進むのに、いつも最後の最後で「やっぱりやめておきます」と断られることが続きました。

そこで、僕からのアドバイスとして、すごく聞きにくいとは思うけれど、断ったお客さんに「なぜ、断ったのですか？」と聞いてみてほしいとお願いしました。

すると、断る理由は、「なんとなく自信がなさそうだったから」だったそうです。

それが分かれば、自分で改善できます。今では、彼もちゃんと売れる人になりました。

## 「買わない理由」は他にもある

ここまで、よくある「買わない理由」を紹介しました。

「高い」「今じゃない」については、こちらから、

**「もしかすると、高いと思われているかもしれませんが……」**

**「もしかすると、次の機会でいいかと思われているかもしれませんが……」**

と、「高くない理由」と「今買ったほうがいい理由」を先回りしてお伝えしていくといいですね。


さらに、この段階で、相手に投げかけて確認しておきたいこともあります。それは、

**「何か不安に思っていることがありますか？」**

という問いです。なんとなく不安に思っていることを抱えたままにしておくと、その不

安が大きく育っていきます。こういう些細《ささい》な気持ちが「なんとなく買わない」という決断につながってしまいます。

**「何か分からないことがありますか？」**
**「何か確認したいことがありますか？」**

という問いも効果的です。

相手に、不安に感じていることをお聞きして、しっかりと解決しておきましょう。

「買わない理由」は、他にもたくさんあります。ぜひ、自分でお客様が「買わない理由」とその対策をしっかりと考えてくださいね。

売れる技術㊱

## 「買わない理由」を先回りで消していく

「自然と売れる」ステップ⑩

# 断られないクロージング

ここまでたくさん対話してきたのに、最終的に買うか、買わないかのクロージング（契約）の段階で断られると凹みますよね。

「話し方が悪かったかな」「話の聞き方が悪かったかな」「この商品ではダメなのかな」「私ではダメなのかな」と落ち込むこともあるでしょう。それが、次の成長につながるとはいえ、嫌なものです。

## Q．どうすれば、クロージングで断られにくくなると思いますか？

断られにくくするためには、僕は**「断らない人に売る」**のが前提だと思うのです。

「誰でもいいから買ってほしい」「誰でもいいから話を聞いてほしい」という営業や商談をしていると断られますよね。それはそうです。その人は欲しくないのだから。

「断らない人に売る」ためには、ステップ⑥でお話ししたように「興味ありますか？」と、話をする許可を取ってから、話を進めることも大切です。

「興味がある」という人にだけ話をするのだから、自然と断られることも少なくなります。

また、ステップ⑨でお話ししたように「買わない理由」を先回りして、つぶしておくことでも、断られるのを防ぐことができます。

いいクロージングをするには、そこまでの積み重ねが大切です。

いよいよクロージングの段階になったら、断られにくくするための大切なことが六つありますので、それをお伝えしましょう。

#### 断られないクロージング①

## 説得ではなく合意

クロージングと言うと、一般的には「購買を迫り、決断してもらう」といったイメージがあるかと思うのですが、僕はそんなイメージは持っていません。

僕のイメージは「今度、ご飯に行きませんか?」「いいですよ」みたいな感じです。こちらが**「説得している」というのではなくて、「合意している」というイメージです。**

「お金を払うかどうか」ではなく、「同じ未来を目指す仲間になりますか?」というイメージです。

「売る側」「買う側」となった場合、お互いが自分の利益を考え、少しでも自分が得をしたいというふうになっていくため、その後のやりとりも難しくなっていきます。お客様からすると、「お金を払っているのだから」と、こちらに依存する部分も大きくなってくるでしょう。

だから僕は、**「同じ未来を目指す仲間」**になりたいのです。「おいしい料理を食べて幸せ」という未来に一緒に行きたくて「ご飯に行かない？」と誘っているイメージです。

こういう関係になれると、お互いが目指す未来のために、こちらも、相手も、自分がやるべきことをやっていくという状態になれると思うんですね。

**「私はこんな関係を築きたいと思っている」**ということを相手に伝えることも大切です。

### 断られないクロージング②

## ハードルを下げる

デアゴスティーニの商品を買ったことはありますか？

週刊もしくは隔週刊で、模型パーツ付きマガジンが送られてきて、自分でパーツを組み立てていく豪華なスケールモデルのようなシリーズです。僕は「スター・ウォーズ」が大好きで、作品に出てくるロボットを組み上げるシリーズを定期購読したことがあります。

1号数千円なのですが、何年もかかってつくっていくので、総額にすると十数万円になります。もし、これが「全号フルセット十数万円」として売っていたら、きっと僕は買っていなかったはずです。1号目が特別価格1000円くらいだったので、「これなら買えるな」と気軽な気持ちで始めたのです。

このように**お客様が「買う」という行動をするためのハードルを下げてあげることは大切ですね。**

―― **Q．あなたは、どうやってハードルを下げますか？**

ハードルを下げるためには、**申し込みの簡単さ**も必要です。

僕はあるセミナーを申し込もうとしたのですが、「性別、年齢、住所、電話番号」まで入力する欄があって、項目の多さに嫌気がさして、途中で申し込みをやめたことがあります。オンラインセミナーなので、本来必要なのは「メールアドレス」くらいですよね。

**支払いの簡単さ**も大切です。

僕の場合は、分割払いにできるようにしたり、少し高額な商品だと「返金保証」をつけたりしているものもたくさんあります。「購入してみて気に入らない場合は、全額返金します」というものです。これだと買う側のハードルは大きく下がります。嫌なら返金してもらえるのですから（でも、これまで返金を希望された方は一人もいません）。

このことも含めて**「手続きが面倒」というのは、クロージングを妨げる大きな要素です。**ぜひ見直してみてください。

あとは、**商品を分割して売る**のもいいでしょう。

高校生の頃によく行っていたうどん屋さんは、かけうどんが１００円だったんです。「安いから！」とみんなで行くのですが、天ぷらだ、肉だ、卵だとトッピングしていくと、そこそこの値段になるんです（笑）。とても商売上手ですよね。

まずは、基本的なものを買いやすい料金で提供しておいて、オプションという形で追加していくのも、ハードルを下げるには、いいやり方です。

断られないクロージング③

# 「お試し」を用意する

僕の売っているものは、研修プログラムやコンサルティングなど形のないものなので、その効果が見えにくいということがあります。形があるものと違って、「良いものだとしても、私に合うかな？」という不安はありますよね。

そこで僕は「契約しますか？」ではなくて、「一度、無料でいいので、体験会を開かせてもらえませんか？」という話をしています。

**商談と契約の間に、「お試し」として無料体験会を入れているのです。**

商談や商品提案書だけではどうしても伝えきれないことも、実際に体験してもらうことで価値や魅力が伝わり、契約に至る可能性が高くなります。

水の味を言葉や文字で伝えるのは、とても難しいです。でも、ひと口飲んでもらえれば、すぐに伝わります。

---

**Q．あなたは、どんな「お試し」を用意しますか？**

お試しを提供するときのコツは、**無料だからといって手を抜かない**ことです。全力で出し惜しみせずに提供しないと、価値が伝わらずに「こんなものか」と評価され、売れなくなってしまいますね。

そして、「お試し」を用意するなら、料金はその後にお伝えするといいでしょう。体験してあなたの商品の価値をしっかりと理解してもらったうえで料金をお伝えしないと、良いか、悪いかの判断を正しくしてもらえないからです。

断られないクロージング④

## 「買わない」選択肢をなくす

実はクロージングも「問い」でできるのですが、このときの問いがとても大切です。

昔の僕は、「買いますか？（契約しますか？）」という問いをしていました。そうすると、相手の答えは「買うか、買わないか」になります。「買わない」という選択肢があるため、そちらを選ばれる可能性も大いにあるのです。

そこで、僕は問いを変えました。

お試し（無料体験会を開くこと）をお伝えした後に、**「いつがいいですか？」と問いかける**ことにしたのです。

この問いだと「買わない」という選択肢がなくなります。これが大切です。

もちろん、「いつがいいですか?」と問いかけても「いらない」と断ってくる人はいるかもしれませんが、確率は低くなります。

先日、友達親子とランチへ行きました。食事の後、友達は家事があるから早く帰りたがっていたのですが、お子さんが僕と「もっと遊びたい!」と駄々をこね始めました。「今日は帰って、また遊びに来よう」と説得するのですが、納得しません。

そこで、お子さんが興味深いことを口にし始めたのです。

「遊びたい!」と駄々をこねるのをやめて、真面目な顔をして「この後、公園に行って一緒に遊ぶか、僕の家に来て一緒に遊ぶか、どっちがいい?」と僕に聞いてきたのです。

すごいですよね。「遊ぶ、遊ばない」という選択肢を「公園か、家か」という選択肢に変えてきたのです。小学1年生なのに、すでに質問のプロです。結局、1時間ほど一緒に公園で遊びました。

この例を見習うなら、僕たちも、買わない選択肢をなくすのがいいですね。具体的には、売れる言葉をつくる④(135ページ)でも述べたように**いくつかの商品を用意します**。

「ライトコース」「スタンダードコース」「プレミアムコース」のようにするのもいいです

し、「買い取りプラン」「レンタルプラン」のような違いにするのもいいでしょう。

**商品をいくつか用意することで「買いますか?」という問いから、「どれにしますか?」という問いに変えることができます。**

それだけでも「買わない」と断られる可能性を低くできます。

---

**Q・あなたは、どんな商品を用意しますか?**

僕の場合は「上司向けの質問力」という研修プログラムのクロージングのときに「月1回×半年コース」「6日間集中コース」の二つのコースがあることをお話しします。

そして、「どちらのコースも1回目は無料で開催しますので、まずは1回目を受けて、その後でコースを選択していただけます。まずは、無料の1回目をいつやるか決めましょうか」というような話をしています。

クロージングだけでなく、商談全体に言えることですが、「はい」「いいえ」で答えられる問いではなく、「自分の気持ちや考えを答えてもらう問い」のほうが効果的です。

断られないクロージング⑤

# 「もしも……」を活用する

クロージングをするとき、こちらが知りたいことは「相手は何が気がかりで、買う決断をしないのだろう？」ということでしょう。値段なのか、サービスなのか、タイミングなのか、人なのか、「買うと言わない理由」が知りたいですよね。

そんなときに使えるのが、**「もしも……」という問いです。**

「もしも、買われるとしたら、支払いはどうなさいますか？　現金ですか？　クレジットですか？」

といった問いかけをすると、「お金についてどう思っているのか」という考えを聞き出すことができます。

「もしも、買われるとしたら、納期はいつくらいがいいか、ご希望はありますか？」

と問いかけると、「時間」の話をすることができます。

「もしも、買われるとしたら、ここは変えてほしいというご希望はありますか？」

と問うと、「商品・サービスの内容や質」についての話を聞き出すことができます。

相手も「なんとなく……」と感じていることが多いと思います。

そこで、こういう問いかけをしていくことで、その人の感じている疑問を具体化し、「買わない理由」を取り除いていきましょう。


また、**「もしも、買ったら……」という前提で話をしていくと、相手は「買った後のこと」を想像するので、少しずつ「買った気持ち」を味わっていくことになります。**これも、「欲しい気持ち」を大きくすることにつながります。


僕も先日、「車が欲しいな」と思って、販売店を見に行ったんですね。そこで、「車を買われたら、どこにお出かけされるんですか？」

と聞かれたのです。

「出かけるのか？」ではなく、「どこに出かけるのか？」と問いかけてくるのが上手だなと思いました。

「出かけるのか？」という「はい」「いいえ」で答えられる問いだと、「ええ、まあ」みたいな返事もできますよね。

でも「どこに？」と聞かれたので、

「僕はせっかく京都に住んでいるので、お寺めぐりとかしたくて……」

と答えました。それで、週末にお寺めぐりをしている自分を想像して、「やっぱり、車が欲しいな」となったのでした。

断られないクロージング⑥

# 問いかける

最後は、**「相手に聞いてみる」**です。

僕は、単刀直入に「ここまでの話を聞いてみて、どうでしたか？」と聞いています。

そこで、「いいと思っている」というような答えが返ってきたら、

「次はどうしましょうか？」

と問いかけ、「体験会」をしてもらうのか、もう少し具体的な打ち合わせに入るのか、それとも買ってもらうのかを決めていきます。

しかし、「いや、ちょっと……」と買うことにためらっているような感じがあれば、

「お話ししきれなかったこともあると思うのですが、何か引っかかっていることなどありますか？　より良い関係になりたいので、何でも話してくださいね」

と、相手の気持ちを引き出す問いをしています。

そうすると、ここまでの話で話題にならなかったことを相手が知りたがっていたり、こ

こまでの僕の話を勘違いして捉えられていたりすることがあります。

どちらにしろ、ここで聞くことができれば、解決できますね。

**大切なことは、こちらから「どうですか？」と問いかけて、今の相手の気持ちを聞くことです。こちらから問いかけないと、相手は話してくれないのです。**

**売れる技術㊲**

**クロージングでは、**
**①説得ではなく合意 ②ハードルを下げる**
**③「お試し」を用意 ④「買わない」選択肢をなくす**
**⑤「もしも……」を活用 ⑥問いかける**

## 「自然と売れる」10のステップ——まとめ

**ステップ① 出会う**

・「あなたを必要としている人」と出会う

・行くか、来てもらうかの2パターンで考える

・ネットで「遠くの人」に売る前に、リアルで「近くの人」に売る

**ステップ② がんばらないアポ取り**

・相手が興味を持ちそうなことを伝える

・こちらが相手に興味を持つ

**ステップ③ 仲良くなる**

・共通点を探して話題にする

・相手の話をたくさん聞く

**ステップ④ 雑談を商談に変える**

・問いかけて、相手から「悩み（問題）」と「それがどうなったら嬉しいのか

（理想の姿）」を引き出す

・仕事につながることに話題を絞る

**ステップ⑤　現状を整理する**

・問題解決のために行動したこと、つまずいていることなどを問いかける

・相手の問題を整理し、「どうやって解決すればいいの？」と思ってもらう

**ステップ⑥　「興味ある？」**

・相手の悩みを解決できることを伝える

・こちらの話に興味があるかを問いかける

・相手の聞く態勢をつくる

**ステップ⑦　商品の紹介をする**

・「相手が勘違いしていること」「解決策」「ご利益」「自分の想い（ビジョン）」「商品の概要」を順に話す

・一方的に話すのではなく、相手の反応をうかがいながら丁寧に話す

・「自分の言葉」で伝える

**ステップ⑧　「他者の評価」で納得感を高める**

・「お客様の声」「実績」「権威の声」などを伝えて、納得感を高める

・できるだけ客観的に、数字で語る
・相手の選択基準に合わせた話をする

**ステップ⑨　「買わない理由」を消していく**

・「買わない理由（高い、今じゃない）」を先回りしてつぶしていく
・相手が不安に思っていることを聞いて、解決する

**ステップ⑩　断られないクロージング**

・「同じ未来を目指す仲間」として、合意するイメージを持つ
・できるだけ、買うためのハードルを下げる
・「お試し」や、いくつかの商品を用意するなど、「買わない」という選択肢をなくす
・「もしも買ったら……」「ここまでの話でどう思ったか？」を問いかける

# あなたのロードマップをつくろう

この章では、お客様と出会って「欲しい気持ち」を引き出し、大きく育てて「欲しい！」と言ってもらうまでの10のステップを紹介してきました。

しかし、この流れはあなたの扱っている商品には当てはまらないかもしれませんし、時と場合によっても変わってくるかもしれませんね。

そこで、**あなたに合った「売れるステップ」をつくりましょう。「出会う」から「売れる」までの道標（ロードマップ）です。**

僕のロードマップを例として紹介します。

このロードマップをヒントに、試行錯誤をしながら、あなた自身の売れるロードマップをつくっていってください。

**例1　僕が一番多くやっていたロードマップです。自分が活動している地域の中小企業の経営者に「質問を使った会議のやり方（月1回×12回）」を販売していたときの流れです。**

①経営者団体で、中小企業の経営者と知り合う（団体活動の中で仲良くなる）
②一度、会社に遊びに行かせてもらう
③業務内容などを教えてもらう
④経営の悩みなどをお聞きする
⑤僕が力になれることを伝えて、興味があるかを聞く
⑥僕の仕事（商品）のことをお話しする
⑦無料体験会の提案をする
⑧無料体験会を開き、価値を体験してもらう
⑨どんな形で、導入していくかを打ち合わせる
⑩料金や日程などを調整して、契約

**例2　経営者団体などで講演会ができるときに、「上司向けの質問力」という研修プログラム（月1回×12回）を販売している流れです。**

①経営者団体などで、話をする機会をもらう（講演をさせてもらう）

②講演の最後にアンケートを取り、感想をもらう（連絡先も）
③集めた連絡先に「無料体験会を開催させてもらえませんか？」と連絡する
④無料体験会を開き、価値を体験してもらう
⑤どんな形で、導入していくかを打ち合わせる
⑥料金や日程などを調整して、契約

**例3　起業したい人に向けて、「好きを仕事にする起業のコツ」という講座プログラム（半年コース）を販売したときの流れです。**

①Facebookで、起業を目指す人が集まるグループをつくる
②Facebookグループに、毎日のように起業のコツを投稿する
③2週間に1度くらい、メンバーからの質問を受け付ける（動画で答える）
④そのやりとりの中で、起業をしたい気持ちと、一人では難しいことに気づいてもらう
⑤1か月くらいたった頃に、Facebookグループで「僕の起業のコツをまとめた講座プログラムがあったら興味ありますか？」と問いかける→多くの方が「興味ある」
⑥講座を紹介する動画を撮って、Facebookグループに投稿する
⑦メンバーに講座紹介動画を見てもらい、質問があれば答える

⑧講座（半年コース）をスタートし、1回目は全員無料で参加してもらう
⑨2回目の前に、契約をしてもらう

## ロードマップをつくるコツ

僕は、新しく何かを売るときには、次のようにロードマップを考えることをしています。つくり方は、とても簡単です。

まずは、スタートとゴールを決めます。スタートは「どこで出会うか」です。ゴールは「売れる」です。このスタートとゴールの間を埋めていけばいいだけです。

コツは**「ここで何を知ってもらえれば、何に気づいてもらえば、どんな気持ちになってもらえば、お客様は次のステップに進みたくなるだろう？」**と考えることです。

道に迷ってしまったときには、ゴールから逆算して考えることも大切です。

これは本当の話なのですが、中小企業の経営者に「事業計画をつくり直すプログラム」を売りたいと思っているのに、毎日のようにまったく関係のない政治や教育の問題をFacebookに投稿している人がいらっしゃいました。「毎日、投稿しているのに、出会いが

ない……」と嘆いていました。

この流れで、出会いたい人と出会えるのか。
この流れで、出会った人は、「欲しい気持ち」に気づいていくのか。
この流れで、契約したいと思えるのか。
ちゃんと全体を見直してみてくださいね。

## ロードマップの手入れ

**ロードマップは一度つくったら終わり……ではありません。少しずつ、常に改善を続けていく必要があります。**

ロードマップがあると便利なのは、「どこで詰まっているか」、どこを改善するといいのかが分かりやすいことです。

たとえば、「無料体験会までは見込み客が来ているけれど、売れない」のであれば、無料体験会の内容が良くないのか、その後の契約への流れが良くないかのどちらかだということが分かります。さらに無料体験の後にアンケートを取ってみれば、無料体験の内容がいいのか悪いのかも判断できます。

## 他の人のロードマップも調べてみよう

僕のロードマップを三つほど紹介しましたが、**他の人（特にあなたの競合）が、「どんなステップで商品を売っているのか」は調べておきましょう。**

そこで「いいな」と思う点は参考にするといいですし、「嫌だな」と思うのであれば、自分がいいと思うやり方をすればいいのです。ゼロから自分でつくるのは難しい人も、このやり方だと簡単に自分のロードマップをつくることができます。

ただし、商品内容、価格帯、売っている人の知名度などによっても売り方は変わります。その辺りを加味して考えてくださいね。

売れる技術㊳

「出会い」から「売れる」までのロードマップをつくる

# 第5章

# 売るのが怖いあなたへ

ここまでの話を読んで「よく分かった。でも、やっぱり売るのは怖いんだよ……」と思う人も多いかもしれません。

僕も同じように感じていた時期があるので、売るのが怖い気持ちはよく分かります。

この章では、僕がどうやって、「売るのが怖い」という気持ちを克服できたかをお伝えします。あなたのヒントになれれば嬉しいです。

第1章（26ページ）で「足のあるおばけは怖くない」というお話をしましたが、悩みや問題も、正体が分からないから怖いのです。

**「売るのが怖い」というような感情も、自分と対話して「何が怖いのか」「なぜ怖いのか」が分かると、対処していくことができる**かもしれません。

そこでいくつかのパターンをあげながら、その理由や原因を一緒に考えていきましょう。

怖いパターン①

# 傷つくのが怖い

「怖い」という感情は、自分が何か嫌な思いをするかもしれないと思うからこそ生まれてきますよね。「売る」という行動の中で、どんな嫌なことがありそうだと思っているのでしょうか？　まずは、それを書き出してみましょう。

**Q．「売る」行動をすると、どんな嫌なことが起こりそうですか？**

自分が恐れていることを書き出したら、**「それは、本当に恐れることなのか？」「それは、本当に傷つくことなのか？」を考えましょう。**

書き出すだけで、「なんとなく恐れていたけど、よく考えると、恐れることではないな」と気づくことも多いでしょう。

「明日、雨だったらどうしよう」のように、どれだけ想像しても、そのときになってみないと分からないこともありますし、自分でコントロールできないこともたくさんあります。

それは受け入れるしかないですよね。

その次には**「じゃあ、どうすればいいか」を考える**といいですね。

僕は、自分から「買って！」と言うことに対して、すごく怖さを感じます。さらに、自分で自分のことを「すごいよ、いいよ！」と言うことに対しても、怖さを感じます。

なので、自分で「いいよ！」と言うのをやめて、「お客様がこういう評価をくださっています」という話をするようにしました。「買って！」と言うのが怖いので、相手から「欲しい！　買いたい！」と言ってもらうにはどうすればいいだろう?と考え続けたのです。そうして、本書で紹介してきた「売れる技術」ができていきました。

あなたも、傷つくのが怖いのであれば、傷つかない方法を考えればいいのです。自分の「怖い」を武器に変えていってくださいね。

売れる技術㊴

## 「恐れていること」を書き出してみる

## 怖いパターン②

# 断られるのが怖い

一生懸命に商談をしたのに、「断られるのが怖い」と感じている人もいるでしょう。

きっと、自分の商品への愛が深い人なのでしょうね。とても素晴らしいことです。

僕も「こんなにいい商品なのに、買わない人がいるなんておかしい」と思うときもあります（笑）。それは傲慢なわけではなくて、そう思えるほどに時間と労力をかけて、つくり上げてきたという自信があるからなのかもしれません。

そんなに自信がある商品なのに、相手に断られると、これまでの努力を否定されたかのような気持ちにもなりますね。

**Q．あなたにとって、断られることは、何が問題ですか？**

でも、よく考えてみると、断られるのはその商品が「合わない」というだけの話であって、人格や人生を否定されたわけではないですよね。僕も友人を見わたしてみると、人としてすごく好きだけど、その人の商品を買ったことがないということはたくさんあります。仕事の場合は、恋愛とは違う面があります。それは、お客様になってくれる相手の数です。恋愛の場合は、「たった一人」と出会っていくことが大切ですが、仕事の場合は、もっと「大勢の人」を対象としています。

恋愛の場合は、こちらにも「どうしてもその人がいい」という気持ちがあるので、「断られるのが怖い」という気持ちも大きくなるでしょうが、仕事の場合は、極端なことを言うと、**断られたら次の人に行けばいいのです。**

むしろ、合わない人に無理やり売るほうが、後々クレームなどにつながる可能性が高いので、怖いことです。

僕は、相手のご要望をお聞きして、自分では満足させられない人だなと思ったときには、きちんとお断りして、別の会社をオススメすることもあります。それくらいのほうが、気持ち良く仕事ができますし、長く続く仕事になっていきます。

また、もしかすると、断られるほうが当たり前なのかもしれません。野球でも3割を打てばすごい選手です。全部の球が打てないからバッターボックスに立たないというのもおかしな話です。

「打てて当たり前」だと打てないとツラいですが、「2〜3割打てればいい」ならもう少し気楽にバッターボックスに立てそうです。

僕たちも、**「売れて当たり前」ではなくて、「断られて当たり前」**くらいに謙虚な姿勢でいるほうがいいのかもしれませんね。

売れる技術㊵

## 「断られて当たり前」だと考える

怖いパターン③

# お金をもらうのが怖い

起業したい人にコンサルティングをしていると「お金をもらうのが怖い」ということが必ず話題になります。

**Q．なぜ、お金をもらうことが怖いのだと思いますか？**

「お金をもらうのが怖い」と感じる理由は、大きく二つありそうです。

一つは、「しっかり責任を果たさないといけない」とお客様への責任を感じるとき。

もう一つは、「代金に見合う価値なのか」と自分の商品に自信がないとき。

要するに「自分の提供する価値が、相手の支払う金額と釣り合っているのか」と不安になるのですね。僕も同じように思っていた時期がありました。

実はこれは、解決するのが難しい問題なのです。

なぜかというと、価値を感じるのはお客様だからです。価値があるかどうかを判断するのはお客様なので、こちらで決めることができないのです。

また、自分の商品の価値を高めることにも問題が生まれます。それは、「どこまで価値を高めればいいのか？」「いつ完成するのか？」という問題です。

**人は成長をし続けるので、「よし！　これで完成だ！」と思えるときはきっと来ないんです。**いつまでも、「もっと！　もっと！」と思い続けることになり、「価値が充分に高まったら売ろう」とすると、死ぬまで販売できないことになってしまいます。

では安くすればいいかという問題でもなく、「安くしたら売れなくなった」ということもよくあることなんですよね。

そこで僕は、考え方を変えました。もちろん、自分の商品の価値を高めることは引き続きやりつつも、**覚悟を決める**ことにしたのです。

たとえば、料金1万円をいただくなら「1万円分はやり切る」と覚悟を決める。

価値があるかどうかは、相手次第なので分かりません。けれど、**料金の分は全力で尽くすという覚悟を持つ**ことで、僕はお金を受け取れるようになりました。

それでも、初めのうちは、こちらが「ちゃんと価値を提供できなかったな」と思うときと、相手が「価値がなかったな」と感じたときは返金することに決めました。こうした決まりをつくっておくことで、「料金分の価値がないと思われたときには、返金すればいい」という心の逃げ道ができました。

実際には、返金を希望する方は一人もいなかったので、みなさんが価格分の満足をしてくださっていることも分かり、安心してお金をもらえるようになりました。

「覚悟」と言うとハードルが高く感じますが、言い換えると、それは自分や自分の商品への「愛」の深さだと思うんです。

自分の商品を心からいいものだと愛していれば、自信を持って提供できるし、**変に値引きしたり、安売りしたりすることもなくなります**。

値引きや安売りは、自分から「定価ほどの価値がないものですよ」と言っているようなものです。精神的には安売りすると、背負う覚悟が少なくなるので、ラクかもしれません。しかし、お客様はそうは思いません。安く買ったから、適当なものでもいいとはならないのです。

安売りしようが、こちらの希望の金額で売ろうが、責任を持つことには変わりないのですから、安易に安売りすることに逃げないほうがいいですね。ここで、「お金をもらうことが怖いから」と安売りをしてしまうと、負の連鎖に入っていくことになります。

「この金額だと高くて売るのは怖い、この金額なら安いから怖くない」と思うのはあなたの勝手です。お客様にはまったく関係のない話です。あなたが高いと思う金額でも、お客様は安いと思うかもしれませんし、その逆もまたあるかもしれません。

料金は、あなたの都合ではなくて、**お客様が受け取る価値に応じて決める**といいと思います。

そして、ここでどれくらいの覚悟を持てるか（どれだけ自分の商品を信じて愛しているか）が、その先の売上の大きさになっていくのです。

売れる技術㊶

## 「料金にふさわしい価値を提供する」と覚悟を決める

## 怖いパターン④

# 嫌われるのが怖い

「嫌われるのが怖い」という気持ちもよく分かります。

では、「なんで、嫌われるのだろう？」と自問してみてください。**よくよく考えると、嫌われるような要素がないことに気づく**と思います。

もし、相手が嫌がるような売り方をしたときには、嫌われるかもしれません。でも、本書で紹介しているような、相手の話をよく聞いて、相手の幸せを願って売るのであれば、嫌われるようなことはないはずです。

僕も嫌われるのは嫌なので、「押し売りしない」「欲しいと納得してくれた人だけに売る」「ウソをつかない（自分にも相手にも）」「話を盛らない」を大切にしています。

相手をだますような売り方をすれば、目先の売上は上がるかもしれませんが、自分の心は苦しくなりますし、満足してもらえないとリピートもされないので長続きしませんね。

まずは、一人でもいいので、まっすぐな気持ちで、商品を提供してみましょう。それで相手が満足してくれれば、説得したり、話を盛ったり、ウソをついたりしなくても、等身大の自分で満足してもらえることが分かります。

**――Q・どんな人と関わっていきたいですか？**

もしかすると、それでも、あなたのことが嫌いだという人もいるかもしれません。けれども、それはそれでいいじゃないですか。万人から好かれることは無理です。万人に好かれようと思うと、個性がどんどんなくなっていき、深く愛されることもなくなります。**あなたは、あなたのことがいいと思う人とだけお付き合いすればいいのです。**それでも、充分に稼ぐことはできるはずです。

売れる技術㊷

## 万人から好かれようと思わない

## 怖いパターン⑤

# がっかりされるのが怖い

「こんなはずでは……」とがっかりされるのは怖いですよね。では、それをどうすれば防げるでしょう？

「話す」のコツ⑥（116ページ）でも紹介しましたが、**相手の期待値を高めすぎないこと**。満足度は、期待値と得られた価値の差です。期待値が5で、提供された価値が6だと、その差1が満足度です。買ってもらうために、あれこれと良いことを言いがちですが、それをすると、期待値が上がりすぎてしまいます。**期待値は上げすぎない**ようにしましょう。

また、**今の自分の商品を必要としてくれる人に売ること**も大切です。

ＴＯＥＩＣという英語のテストがあります。僕は受けたことがないのですが、今は「ｂｅ動詞」すら怪しいので、テストを受けると２５０点くらいかもしれません。

そんな僕が「誰から英語を習いたいだろう」と考えてみると、ＴＯＥＩＣが満点の人からは習いたくないのです。「ｂｅ動詞が分からなくて」とか恥ずかしくて言えないし、相手もそんな初心者を相手にしたくないでしょう。

それよりも「この間まで250点だったけど400点になった」という人に教えてもらいたいです。僕の気持ちをくんで、すごく実践的なアドバイスをくれそうですよね。

そう考えると、ＴＯＥＩＣが満点の人にも、400点の人にも、それぞれに役割があります。そこで、400点の人が「僕に教わると500点になれるよ」と話を盛ると、本来のお客様ではない人が来て、がっかりされることになりますね。

**Ｑ．あなたの商品を必要としてくれるのは、どんな人ですか？**

あなたには、**今のあなたにピッタリなお客様がいます。**今のあなたの商品を必要としてくれている人がいます。背伸びをすることなく、その人と出会っていくといいですね。

売れる技術㊸

## 相手の期待値を上げすぎず、必要としてくれる人に売る

怖いパターン⑥

# 分かってもらえないのが怖い

こんなにいい商品なのに、商談をしても、相手が理解してくれなかったらどうしよう……。その気持ちもよく分かります。

これは、実は、お店などがつぶれていくときのパターンなんですよね。

たとえば、ラーメン店のご主人が、「この味を分かってくれる客がいない。みんな、本当においしいラーメンが分かってない。このラーメンが売れないのは、味覚がおかしい客ばかりだからだ……」となってしまうと、もう難しいですよね。

繰り返しになりますが、**ビジネスとは、お客様と一緒につくっていくものです。**誰にも評価されないラーメンなら、自分一人で食べていたほうがいいです。

**商売にするのであれば、お客様がおいしいと思ってくれるラーメンをつくっていかないといけません。**これが仕事と趣味の違いです。

## Q．どうすれば、もっと価値が伝わりますか？

「この商品の価値を分かってくれない」となってしまうときには、お客様が喜んでくれるほどの価値がないか、間違った人に売っているか（お寿司を食べたい人にラーメンをオススメしている）、伝え方が悪いかという問題だと思うので、そこは改善していけそうです。

**「価値を高める努力をする」「必要としてくれる人に売る」**、そして、本書をしっかりと読んでいただいて**「価値を伝える」**ということもしていきましょう。

売れる技術㊹

**商品の価値を高め、価値を伝える**

# 小さく育てていく

この章で紹介したような「怖い」という気持ちは、これまでの人生の中の、小さな経験の積み重ねでできているものなので、一気に改善することは難しいかもしれません。

しかし、時間をかけてつくられたものは、時間をかけて取り去ることもできますね。

少しずつでもいいので、

「こうすると怖くない」

「これくらいなら怖くない」

と、**自分との対話を積み重ねて、「怖くない」の幅を広げていきましょう。**

そして、それ以上に**「ワクワクする気持ち」を持つこと**も大切かもしれません。

僕の知り合いにも、Aという仕事のときは「売るのが怖い」と言ってあまり売れていなかったのに、ちょっとした出会いでBという仕事に変わった途端に売れ始めた人がいます。

それはこのBの商品が本当に好きで、売っている自分自身がワクワクするからなんですね。

僕は、小学校に出張授業をしに行くときがあります。仲間と一緒に行くのですが、休憩時間に大人たちのところへ、子どもたちが「一緒に遊ぼ！」と集まってきます。

そのときに、子どもたちがたくさん集まってくるのは、「楽しい大人」ではないのです。「楽しそうにしている大人」のところに集まってくるのです。

これは、僕たちの仕事にも同じことが言えるのではないかと思います。

ワクワクと自分が心から楽しめることを仕事にすることも大切ですし、心から楽しむことが「売れる」にもつながっていきます。ぜひ、**小さくてもいいので、着々と自分の中の「好き、楽しい、ワクワクする」の気持ちを育てていってください。**

気がついたら「怖い」もなくなっていた、となるでしょう。

**売れる技術㊺**

## 「好き、楽しい、ワクワクする」の気持ちを育てる

## おわりに――

本書でお伝えしてきたように、すべての仕事は、誰かを喜ばせるために存在しています。

**あなたの商品が売れるということは、世の中に一つ幸せが増えるということです。**

あなたが「売れる力」を磨けば、あなたの商品は、それを必要とする人に届いていき、幸せがまた一つ増えます。

しかし、あなたが「売れる」ことをしなければ、あなたの商品は必要とする人に届かずに、幸せは生まれません。

せっかくの幸せの種をなくしてしまうことになりますね。

**あなたのためだけではなく、未来のお客様のため、世の中のため、ぜひ、あなたの商品を広げて、幸せを生み出していってくださいね。**

この本は、多くの方のご尽力のもとに世に出すことができました。

「売れる技術」を取り上げてくださったスクーの皆様。そして、その授業を視聴してくださった多くの方。

本書の企画に興味を持ってくださり、僕の細かなこだわりにも辛抱強く付き合ってくださった編集の森田さん。本書の企画を引き受けてくださったワン・パブリッシングの皆様。ありがとうございます。おかげさまで、こうして本にすることができ、多くの方に届けることができました。

また、今日まで僕のお客様となってくださった方や企業様。多くの経営者仲間。一緒に活動をしている「問活《といかつ》」のメンバー。皆様との関わりの中で、多くのことを学ばせていただいています。ありがとうございます。

戒光寺住職の渡邊恭章先生。先生から教えていただいたことを大切に、本書を書き上げることができました。導いてくださり、ありがとうございます。

家族。言葉にできないです。ありがとう。

最後に自分。ここまで自分を諦めずによくがんばったと思う。ありがとう。

河田真誠

崎山紀代
佐田美香
佐藤佳子
佐藤大蔵
三地義之
山藤 茂
篠木敦美
島津数沙
志水龍也
杉浦 輝
鈴木澄子
鈴木建生
瀬部 純
醍醐憲宏
醍醐美恵子
田口恵一
田倉怜美
多田裕司
田中 剛
玉井幸江
槌田 博
寺本曜子
東森智恵美
遠山敬一
豊田高広
豊田巳紗
鳥居順子
中條克己
中野千尋
永野裕子
中原海平
中本美智子
西ヶ谷 達
錦織 朗
西村広平
野口博充
萩森まさ子
長谷川 武
濱﨑明子
浜田夕子
早川裕之
平井 徹
平木邦昭
廣岡雅史
福井俊治
福田靖子
福西政彦
藤倉正人
本藤克子
増田愛子
松内直美
松崎 豊
松瀬教一
丸山 理
水野 隆行
宮本真志
向井ゆかり
村瀬 功
山口 伸一
山野 明美
山本 慶子
横溝 洋一郎
吉田 敦
吉田聖美
渡部貴子
（五十音順、敬称略）

# 一緒に活動をしている
# 全国の「問活《といかつ》パートナー」

問いかけるスタイルの会議やコンサルティングで、
多くの企業が成果を出されています。
まずは、無料で問い体験をしてみませんか?

詳しくは 〉〉 https://toi-katsu.com

会場清晃
青木亮太
赤松平啓
足立修平
阿部敦史
五十嵐由美子
池田 裕
生駒正明
伊東 健
糸数 直
稲田光浩
稲穂 充
今井恭子
伊皆正俊
岩田領造

牛込智美
内山元喜
大谷奈弓
大塚洸平
大友江身子
大林宏至
岡崎秀也
岡部真記
小川正人
小串滋彦
小代史章
貝沼知徳
加倉井久美
鹿島清人
金子昌晴

鎌田賢治
鎌田善仁
川村 智
北村由夫
木下文彦
国城辰彦
倉持英子
小嶋研二
小寺敬二
後藤幸子
後藤泰山
斉田隆治
斎藤元有輝
榊 信一
先本将人

## 河田真誠（かわだ・しんせい）

質問家（経営コンサルタント、講師）

1976年生まれ。広島でデザイン会社を経営後、2010年より東京を中心に、企業へのコンサルティングや研修、小中高校大学での講演、起業家や士業のサポートなどをする。

ノウハウや手法を教えるのではなく、相手に問いかけることで、相手の気づきや行動を引き出す「質問」の専門家。質問を使ったコンサルや研修、会議などが「変化の時代に合っている！」「社員が自ら考え行動するようになった！」と多くの企業から好評を得る。クライアントは一部上場企業から中小企業まで、業種も幅広い。

趣味は旅。アジアを中心に世界中を旅している。

主な著書に『革新的な会社の質問力』（日経BP）、『人生、このままでいいの？』（CCCメディアハウス）、『悩みが武器になる働き方』（徳間書店）、『悩み方教室』（CCCメディアハウス）などがある。

# 売らずに売れる技術

2023年12月8日　第1刷発行
2024年6月2日　第3刷発行

著者　河田真誠
発行人　松井謙介
編集人　廣瀬有二
編集長　福田祐一郎
発行所　株式会社ワン・パブリッシング
〒105-0003　東京都港区西新橋2-23-1
印刷所　日経印刷株式会社

ブックデザイン　小口翔平＋後藤 司＋村上佑佳(tobufune)
DTP・図版　アド・クレール
校正　乙部美帆
編集協力　森田葉子

[この本に関する各種お問い合わせ先]
本の内容については、下記サイトのお問い合わせフォームよりお願いします。
https://one-publishing.co.jp/contact/
[不良品(落丁、乱丁)については]
業務センター
〒354-0045　埼玉県入間郡三芳町上富279-1　Tel 0570-092555
[在庫・注文については]
書籍専用受注センター　Tel 0570-000346